JN451268

예측형 AI와 대학 입시

AI문고

인공지능 시대입니다. 기계가 인간의 인지를 대신하고, 사물이 인간을 통하지 않고 다른 사물과 직접 커뮤니케이션합니다. 이에 따른 인간 삶과 문명 변화를 정확히 이해 · 예측 · 대응하는 것은 이 시대 우리 모두의 과제입니다. AI문고는 인공지능 기술과 환경의 여러 주제를 10가지 키워드로 정리합니다. 관련 개념과 이론, 학계와 산업계의 쟁점, 우리 일상의 변화를 다룹니다. 인간과 기술의 현재, 미래를 세심히 분석합니다.

일러두기

- 인명, 작품명, 저서명, 개념어 등은 한글과 함께 괄호 안에 해당 국가의 원어를 병기했습니다.
- 외래어 표기는 현행 어문규정의 외래어표기법을 따랐습니다.

처음이세요?

전문가세요?

예측형 AI와 대학 입시

이기호

대한민국, 서울, 커뮤니케이션북스, 2025

예측형 AI와 대학 입시

지은이 이기호
펴낸이 박영률

초판 1쇄 펴낸날 2025년 4월 10일

커뮤니케이션북스(주)
출판 등록 2007년 8월 17일 제313-2007-000166호
02880 서울시 성북구 성북로 5-11
전화(02) 7474 001, 팩스(02) 736 5047
commbooks@commbooks.com
www.commbooks.com

ISBN 979-11-7307-987-0 03500

책값은 뒤표지에 표시되어 있습니다.

차례

AI 시대, 입시 공화국의 미래

21세기는 AI의 비약적인 발전과 함께 교육 패러다임의 전환을 요구하고 있다. 과거 산업 사회에서는 기억력, 문제 해결 능력, 그리고 일정한 규격 내에서의 사고력이 평가의 중심이었다. 그러나 산업 혁명으로 시작된 근대 교육은 컴퓨터와 인터넷의 도입을 거쳐 이제 4차 산업 혁명 시대에 접어들면서 또 한 번의 대격변을 맞이하고 있다. 생성형 AI의 등장과 발전은 기존의 교육 방식과 평가 기준을 다시 고민하게 만들고 있다. 이제는 창의력, 융합적 사고, 문제 해결력, 협업 능력과 같은 다차원적 역량이 더욱 중요해졌으나, 기존의 교육 시스템으로 이러한 능력들을 효과적으로 교육하고 측정하기는 어려운 현실이다. 특히 AI 기술의 발전 속도는 우리의 예상보다 훨씬 빠르게 진행되고 있다. 초기에는 특정 알고리즘에 기반한 기계 학습(machine learning) AI가 단순 데이터 조합을 이용한 최적의 결과를 도출했으나, 생성형 AI(generative AI)의 등장 이후 텍스트 생성, 문제 풀이, 이미지 생성 등의 용도로 발전하여 학습 보조 도구로 자리 잡았다. 이제는 '챗지피티(ChatGPT)'와 같은 생성형 AI는 사용자의 의도를 파악하여 적절한 답변을 제공하는 방식으로 하루가 다르게 발전하고 있다. 일부 전문가들은 AI를 인공적으로 만들어 낸 가짜 지능이 아닌, 인간과는 다른 존재로서의 '다른 지능(different intelligence)'의 가능성을 조심스럽게 주장하기도 한다.

생성형 AI는 초 단위, 분 단위로 빠르게 양질의 콘텐츠를 생성하는 능력이 있어 비즈니스 생산성을 상당히 높일 수 있다. 하지만 생성형 AI는 언제, 어떻게, 누구에게 해당 콘텐츠를 사용할지에 대한 의사 결정을 스스로 내릴 수 없다는 한계가 있다. 예를 들어, 마케팅 전문가가 생성형 AI를 사용해 다양한 광고 문구나 이미지를 제작할 수 있지만, 최종적으로 어떤 버전을 캠페인에 활용할지는 여전히 인간의 판단과 결정이 필요하다. 즉, 생성형 AI는 교육적 측면에서 창작과 학습을 도울 수는 있지만, 의사 결정의 기능을 대신할 수 없는 한계를 가진다. 그러나 '예측형 AI(predictive AI)'를 함께 활용한다면 상황은 완전히 달라진다. 예측형 AI는 생성형 AI가 해결하지 못하는 의사 결정 기능을 보완하며, 데이터 알고리즘 기반으로 최적의 결과를 도출할 수 있다. 일반적으로 예측형 AI는 빅 데이터(big data)를 기반으로 미래의 결과를 예측하는 모델을 형성한다. 기업들은 이미 오래전부터 머신 러닝 알고리즘 기반의 통계 AI를 활용해 지금의 잠재 고객이 향후 구매 고객이 될 가능성을 분석하고, 특정 고객을 대상으로 맞춤형 제품을 추천하는 데 활용해 왔다. 이제 예측형 AI는 딥 러닝(deep learning: 심층 학습) 알고리즘을 사용해 데이터를 분석하고, 미래에 발생할 가능성이 높은 이벤트나 결과를 예측한다. 그리고 당연한 말이지만, 데이터의 질이 좋을수록 예측의 정확성도 향상된다.

따라서 생성형 AI와 예측형 AI는 상호 보완적인 역할을 수행할 수 있다. 생성형 AI는 예측형 AI가 학습할 수 있는 새로운 데이터를 제공하고, 예측형 AI는 생성형 AI와의 협업을 통해 더 나은 성과를 창출할 수 있도록 작업물을 개선한다. 예를 들어, 생성형 AI를 활용해 빠르게 시험 문제를 생성한 후, 예측형 AI를 통해 해당 문제의 적정성과 예상 점수 분포를 분석하고 최적의 난이도를 결정하는 식이다. 이 예측 결과에 따라 생성형 AI는 데이터를 고도화하여 시험 문제를 재생성하게 된다. 이렇게 두 AI 기술이 결합하면 보다 성공적이고 효과적인 시험 결과를 도출할 수 있다.

예측형 AI를 교육과 입시에 도입하면, 학생들의 잠재

력과 학습 능력을 예측하고 평가하는 방식에 큰 변화가 생기게 된다. 전통적인 교육 시스템에서는 학생의 성적, 시험 점수 등을 주요 평가 기준으로 삼았다면, 예측형 AI는 더욱 포괄적인 데이터 분석을 통해 학생의 성장 가능성과 미래 전망을 예측한다. 이는 단순한 시험 성적에 의존하는 것이 아니라, 학생의 잠재력을 입체적으로 평가하는 방식으로 전환되는 것이다.

오늘날 전 세계적으로 대학교들이 요구하는 인재는 단순히 성적이 우수한 학생이 아니라, 스스로 문제를 정의하고 창의적으로 해결할 수 있는 역량을 갖춘 학생이다. 하지만 이러한 인재를 선발하기 위해서는 기존의 점수 중심 평가 방식에서 벗어나, 학생의 다차원적 역량과 가능성을 고려할 수 있는 새로운 평가 도구가 필요하다. 예측형 AI는 이러한 변화에 중요한 역할을 하게 될 것이며, 보다 공정하고 효율적인 교육 평가 시스템을 구축하는 데 기여할 것이다. 그러나 현행 한국의 대학 입시 제도는 빠르게 변화하는 시대적 흐름에 충분히 대응하지 못하고 있다. 대학 수학 능력 시험(수능)과 학교생활 기록부(학생부 또는 생기부) 내신 성적에 의존한 평가 방식은 학생들의 실제 학습 능력과 잠재력을 온전히 반영하지 못하고 있으며, 이로 인해 학생들은 단순히 높은 점수를 받기 위한 암기식 교육에 계속해서 몰두할 수밖에 없는 구조에 놓여 있다.

한국은 '입시 공화국'이라고 불린다. 아이들은 출생과 동시에 입시 경쟁의 틀 안에 갇히고, 부모들은 일명 SKY 진학을 목표로 산후 조리원 예약부터 전략적 선택을 통해 입시 계획을 설계하는 상황이다. 중 · 고등학교 대부분의 수업은 입시를 중심으로 구성되며, 학교에서 진행하는 교육 활동조차 입시와 직결되지 않거나 입시 공부에 방해가 되면 학부모들의 항의를 받는 것이 현실이다. 이에 따라 학부모들은 학교 교육보다 사교육에 더 큰 신뢰를 두는 경향을 보이며, 고등학교 역시 학생들의 수능 준비를 위한 교과 운영을 우선시하고 있다. 학생부 기록을 위한 교내 활동이 주를 이루고, 진로 탐구조차 학생 개인의 미래를 위한 것이 아닌 학생부 스펙(spec)을 채우기 위한 수단으로 전락한 지 오래다. 결국 현재의 입시 구조는 '입시를 위한 입시'라는 비판을 피할 수 없다. 대학 입시는 원래 학생의 학업 역량을 평가하고 향후 학업 성취 가능성을 가늠하는, 즉 '잘할' 사람을 찾는 역할을 해야 하지만, 현실에서는 과거의 성적을 기준으로 잘한 사람과 못한 사람을 나누고, 잘한 사람이 앞으로도 잘할 것이라는 막연한 기대로 단정 짓는 시스템이 되어 버렸다. 다시 말해, 지금의 입시는 학생 개개인의 성장 가능성을 평가하기보다 단순히 점수로 학생을 서열화하는 기능에 머물러 있다. 이제는 선발 방식은 같더라도, 최소한 선발의 관점은 미래 지향적으로 달라져야 한다.

한국의 대학 입시 제도는 오랜 시간 동안 출세를 위해 대학 진학을 희망하는 학생들의 학업 능력을 평가하는 가장 중요한 장치로 존재해 왔다. 그러다 보니 평가 과정에서의 공정성은 늘 핵심적인 논의 주제였다. 특히 한국 사회는 입시를 포함한 사회 전반의 영역에서 공정성의 문제를 다른 어느 나라보다 더 심도 있게 다룬다. 이 과정에서 공정성 확보의 핵심적인 방법으로 '정량화'된 평가가 채택되며, 시험 성적, 내신, 학업 성취도와 같은 수치적 기준을 통해 학생들을 평가하려는 경향이 심화되었다. 이는 단순히 교육 분야에 국한되지 않고 한국 사회 전반에 걸쳐 나타나는 현상으로, 성과와 능력을 정량적 지표로 환산해 경쟁하는 구조가 자리 잡고 있다. 여기서 정량화 경향이 단지 효율성을 추구하기 위한 것이었는지, 아니면 그 배경에 다른 사회적 요인이 작용했는지를 살펴볼 필요가 있다.

한국 사회의 정량화된 평가 시스템은 신뢰 기반의 사회가 아닌 '신뢰가 부족한 사회'로 변화해 온 과정에서 비롯된 결과로 볼 수 있다. 한국 사회에서 신뢰가 무너진 배경은 급격한 근대화와 맞물려 있다. 한국은 20세기 중반 이후 급속한 경제 성장을 이루었고, 이에 따라 사회의 구조 역시 빠르게 변화했다. 1960~1970년대 산업화 과정에서 경제적 불평등이 심화됐고, 이로 인해 사회 전반에 걸쳐 경쟁이 강조되었다. 경쟁 사회 속에서 사람들은 성공을 위해 각자도생의 길을 걷게 되었고, 타인과의 협력보다는 성과와 결과를 중시하는 경향이 강해졌다. 이러한 변화 속에서 남보다 내가 앞서 나가기 위해 수단과 방법을 가리지 않는 과열 경쟁이 확산했고, 사람들 간의 신뢰는 점차 약화되었다. 근대 이전의 전통 사회에서 사람들은 가족, 이웃, 마을 공동체 내에서 상호 신뢰를 바탕으로 생활해 왔다. 그러나 산업화와 도시화가 진행되면서 사람들은 농촌을 떠나 도시로 몰려들었고, 그 결과 지역 사회와 공동체 기반의 신뢰가 약화되었다. 이로 인해 사회 전반적으로 익명성이 강화되고, 사람들은 타인에 대한 신뢰보다는 개인의 성과만을 더 중시하게 되었다.

한국 사회에서 신뢰가 무너진 또 다른 중요한 배경은 권위주의 시대와 정치적 억압이다. 1960년대부터 1990년대 초반까지 이어진 권위주의 정부는 국민에게 상명

하복의 문화를 강요했으며, 권력의 집중과 불투명한 의사 결정 과정은 국민 사이에 불신을 심화시켰다. 특히 1970년대 유신 체제는 민주적 절차를 무시한 채 정치적 억압을 통해 국민의 권리를 제한했고, 정부와 국민 간의 신뢰가 크게 손상되었다. 정부는 공정성과 신뢰를 바탕으로 한 시스템을 구축하기보다는 독재 권력에 의한 통제와 효율성으로 위장한 대국민 사기극을 벌이기도 했다. 이는 사회 전반에 걸쳐 불신을 확산시켰고, 사람들은 더 이상 정부나 공공 기관의 결정을 신뢰하지 않게 되었다. 이 과정에서 국민이 눈으로 확인할 수 있는 수치화된 성과나 결과만을 믿게 되면서, 정량 지표가 어떠한 논란 없이 성과를 인정받을 수 있는 유일한 방식이라는 인식이 자리를 잡았다. 이는 사람에 대한 신뢰보다는 숫자에 대한 신뢰를 더 중요한 가치로 여기는 사회로 변화하는 원인이 된 것이다.

이러한 시대적 흐름 속에서 한국은 점점 더 불신의 소용돌이로 빠져들었고, 특히 교육과 입시 제도에서 민감한 문제로 나타났다. 대한민국의 교육은 오랜 시간 동안 사회적 상승 이동을 보장하는 중요한 수단으로 여겨지면서, 학생들은 열심히 공부해서 좋은 대학에 가면 성공적인 미래를 보장받을 수 있다는 믿음을 가지게 되었다.

하지만 이 과정에서 부정부패와 특혜 논란이 빈번하게 발생하면서 교육 시스템 전반에 대한 신뢰가 무너졌다. 입시 부정이나 내신 조작 사건, 특정 계층이 사교육을 통해 입시에서 유리한 위치를 차지하는 사례들은 공정성에 대한 문제를 제기했고, 많은 사람은 더 이상 공정한 경쟁을 기대하지 않게 되었다. 이는 사회 전반적으로 공정성에 대한 요구가 강해지는 배경이 되었으며, 공정성을 확보하기 위한 방법으로 정량화된 평가가 부각되기 시작했다.

그래서 우리나라는 대학 진학 여부에 대해 매우 심각하게 생각하는 경향이 사회 전반에 기저로 깔려 있다. 입시에서 탈락하거나 중하위권 대학에 진학한 학생들은 단순히 원하는 대학에 가지 못하는 것이 아니라, 사회적으로 낙오자(loser)로 간주되는 경우가 많다. 한국 사회에서 대학 입시는 단순한 학업 성취를 넘어 사회적 성공의 지표로 여겨지기 때문에, 대학 입시에서의 실패는 곧 사회적 실패로 연결된다. 상위권 대학, 흔히 '인서울' 대학에 진학하지 못한 학생들은 재수나 삼수를 선택하며 장기적인 입시 경쟁에 다시 뛰어들 수밖에 없다. 알고 보면, 우리는 오랜 세월 동안 결과 중심적 평가 체계 속에서 살아왔다. 현대 사회에서의 교육, 직업, 그리고 사회적 성취는 모두 정량적 결과에 따라 평가되었다. 성적, 입시 결과, 직장에서의 성과 등은 우리가 사회적 성공을 어떻게 달성하는지에 대한 지표로 사용되어 오고 있다. 이렇다 보니, 현재의 입시 시스템은 개인의 발전 가능성을 고려하기보다는 순간적인 점수 차이로 학생을 구분하고 선발하는 구조를 유지하고 있다. 단 1점 차이로 당락이 결정되는 과도한 점수 의존적 평가는 결국 학생 간 경쟁을 극단적으로 만들고, 서로를 밟고 올라서게 한다. 상대방의 실수는 곧 나의 이익이 되고, 나의 실수는 곧 상대방의 성공이 되는, 마치 〈오징어 게임〉과 같은 극한의 경쟁 구조 속에서 학생들은 서로를 신뢰하기 어려운 환경에 놓였다. 친구도 사라졌다. 이러한 경쟁적인 분위기는 학창 시절뿐만 아니라 성인이 된 이후에도 지속되며, 사회 전체적으로 공동체 정신을 약화하는 요인이 되는 것이다. 더 나아가 이런 경쟁 환경에서 성장한 학생들은 수치로 평가되지 않는 것들에 대해, 말 그대로 '1'도 관심 없어 한다. 사랑, 우정, 배려와 같은 가치조차도 수치화하며, 심지어 부부간에도 처가와 시가의 거리와 이에 따른 소요 시간과 연료 소모량 같은 비용을 따지는 경제적 이해관계가 우선시되는 경향이 나타나고 있다. 점수와 성과 중심의 사회 구조 속에서 사람들은 인간적인 관계보다는 실용적이고 이익 중심적인 사고방식을 가지게 되고, 이러한 경향은 사회 전반의 관계를 더욱 경직되게 만든다. 과연 우리는 이런 사회를 감당할 수 있을까?

현대 사회에서 교육은 인간의 성장을 도모하고 잠재력을 발현시키는 중요한 과정으로 인식되지만, 교육 과정의 평가 방식은 결과 중심적이다. 특히 입시는 인간의 학업 성취를 시험 성적이라는 단일 기준으로 평가하며 학생들에게 단편적인 경쟁을 강요하고 있다. 직업 세계에서도 인간은 성과주의에 따라 평가받는다. 연봉, 승진 등은 대개 업무 성과를 중심으로 결정되며, 이러한 체계는 인간의 가치를 결과물에 따라 환원시킨다. 현재 입시 준비생들은 20년 후 우리 사회의 핵심 주역이 될 세대다. 따라서 우리는 현재의 입시 제도를 통해 배출하게 될 미래 인재의 모습을 구체적으로 상상해 봐야 한다. 계량기 같은 정량적 환경과 과도한 경쟁으로 자라난 이들의 미래는 어떠할까? 과연 현재의 입시 시스템이 미래 사회를 준비할 수 있을지 의문이 든다.

우리가 마주한 AI 시대는 기존의 틀을 넘어서는 변화를 요구하고 있으며, 미래 사회는 지금보다 더욱 빠르게 변화할 것이다. 그러나 지금의 입시 제도는 변화하는 시대적 요구를 반영하지 못하고 있으며, 이러한 문제를 해결하기 위해서는 보다 혁신적인 평가 방식과 교육 시스템을 도입해야만 한다. AI를 활용한 새로운 평가 방식이 도입된다면, 학생들은 입시 부담에서 벗어나 보다 주체적인 학습을 할 수 있을 것이며, 이는 궁극적으로 사회 전체의 안정적 발전에도 긍정적인 영향을 미칠 것이다. 우리는 이제 입시 제도의 근본적인 변화를 고민해야 할 시점에 서 있다. AI가 주도할 새로운 시대에 걸맞은 평가 방식과 교육 혁신을 통해 학생 개개인의 가능성을 최대한 끌어낼 수 있는 새로운 교육 패러다임의 모색이 필요하다.

하지만 일각에서는 AI가 교육과 평가에 개입하면 성과 중심의 평가 체계가 더욱 강화될 수 있다는 우려의 목소리를 높이고 있다. AI가 인간을 평가하는 것이 윤리적으로 용납될 수 없다는 의견이 팽배한 것도 사실이다. AI가 우리의 사고를 가스라이팅(gas lighting)하는 식으로 완전히 지배할 가능성도 존재한다는 사실을 부인할 수는 없다. 그래서 지금 우리 인류는 인공적인 지능을 굉장히 위험스럽고 두려운 존재로 인식하면서 경계하는 모습을 보이고 있다. 사실 어찌 보면 "인간이 인간을 필요로 하지 않을 수도 있다"는 인류가 마주한 최초의 위기의식일 것이다. 아마도 이러한 종말론적 인식은 영화 〈터

미네이터〉(1984)와 같은 미디어 콘텐츠가 심화시켰을 것으로 생각한다. 인류는 과거에도 새로운 기술이 등장할 때마다 그것들을 위협적인 요소로 간주해 왔다. 원래 기존의 체제를 바꾸는 새로운 것이 등장하면, 두렵고 거북스러운 '불쾌한 골짜기(uncanny valley)'를 지나가야 한다. 인공지능이 인간의 진짜 지능을 어설프게 닮았기 때문에 느끼는 거북함과 막연한 공포감에 의해 불쾌함을 느끼는 것이다. 하지만 이 골짜기만 통과하면, 그다음에는 급격한 친근감과 호감으로 우리 삶 속에 자연스럽게 스며들게 될 것이다. 19세기 영국에서 생겨난 세계 최초의 교통 법규인 「적기조례(Red Flag Act)」는 당시 증기 자동차 1대가 운행하기 위해 반드시 자동차 앞 55m 거리에서 기수가 붉은 깃발(낮)이나 붉은 등(밤)을 들고 달리면서 자동차를 선도해야만 하는 규제를 두었다. 불(증기)을 내뿜는 괴물(molek, 몰렉)이 마차를 끄는 말을 놀라게 하고, 사고 시 사람을 삼켜서 죽게 하는 위험성이 있다는 이유로, 이 법은 30년이나 지속되었다. 영화 〈메트로폴리스〉(1927)에서도 공장 기계의 사고로 노동자들이 죽게 되자 그 기계를 '몰록(moloch)'이라고 지칭하는 장면도 당시의 기계에 대한 불쾌한 의식을 반영하는 같은 맥락에서의 표현이다. 하지만 현대의 자동차나 기계는 그 위험성이 더 커졌음에도 자동차는 전 지구를 뒤덮어 버릴 정도로 늘어났다. 불, 연금술, 기계, 자동차, 컴퓨터, TV, 인터넷, 스마트폰 등을 처음 사용하기 시작했을 때도 악마, 위험, 중독 등의 이유로 많은 우려와 반발과 제재가 있었지만, 결국 사회는 효용성을 더 중시하며 이들을 받아들이고 발전해 왔다. 현재 우리가 인공지능을 바라보는 디스토피아적 사고 역시 이러한 역사 흐름의 어느 지점에 있다. 향후 5년 이내에 AI는 우리 사회에 깊숙이 자리 잡고 정착할 가능성이 크다. 스마트폰이 등장하고 불과 10년 만에 사회 시스템 전체를 장악한 사례를 보더라도, AI가 사회의 모든 체제와 사고방식을 변화시킬 것이라는 예측은 충분히 현실성 있는 주장이다.

AI가 인간의 교육에서 중요한 역할을 하기 시작하면, 우리는 인간의 잠재력을 단순한 결과가 아닌 과정과 성장으로 평가하는 방법을 모색할 수 있게 된다. AI가 인간과의 협력을 통해 인간의 내적 발전과 잠재적 성장을 고려한 예측 평가 방식을 도입하고, 결과 중심 사회에서 벗어나 인간의 가치를 더욱 풍부하게 인식할 수 있는 기회도 열릴 것이다. 예측형 AI 시대에는 교육의 평가 방식과 입시 제도도 더 이상 과거의 방식대로 운영하기 힘들어질 것이다. 예측형 AI는 학생들의 학습 과정과 발전 과정을 비교 분석하고 종합 평가할 수 있으며, 단순히 최종 성과만을 기준으로 하지 않는 포괄적인 평가 체계를 구축하게 된다. 학생 개개인의 성장을 추적하고 평가할 수 있는 새로운 방법으로 전환할 준비를 시작해야 한다.

앞서 언급한 바와 같이, AI로 인해 교육의 목적도 변화하고 방법도 바뀔 것이다. 예측형 AI는 교육의 평가 방식을 근본적으로 바꾸고 있으며 그 변화는 이미 시작되었다. 이에 따라 평가 기준과 방식, 나아가 대학의 위상도 변화할 것이다. 결국 대학 입시의 필요성 자체도 점차 희미해질 수 있다. 그렇다면 우리는 왜 여전히 좋은 대학에 가기 위해 그렇게 아등바등하며 치열한 경쟁을 벌이고 있는 것일까? 이 변화에 어떻게 대응할 것인지가 우리 교육의 미래를 결정짓는 중요한 과제가 될 것이다. 이 책에서는 이러한 근본적인 질문을 탐구하고자 한다. 이미 기존의 많은 도서에서 교육의 문제와 변혁의 필요성을 설파해 왔고, AI와 교육이라는 주제로도 수많은 주장과 방법론이 쏟아져 나오고 있기 때문에, 여기서는 AI가 바꾸게 될 대학 입시 방법을 중심으로 고찰해 보고자 한다.

이를 위해 먼저, 인공지능이 교육에 어떻게 도입되고 활용될 수 있는지를 개괄적으로 검토하고, 현재 교육 환경에서 AI의 역할을 조망한다. 다음으로, 한국의 대학 입시가 가진 구조적 문제점과 한계를 파악하고, 현행 입시 제도가 학생들의 역량을 온전히 평가하지 못하는 이유를 탐색한다. 이러한 문제의식을 바탕으로, AI가 교육과 대학 입시에 미칠 영향과 변화를 살펴보며, 특히 예측형 AI가 입시 평가의 공정성과 효율성을 어떻게 개선할 수 있을지를 검토한다. 이를 위해 우리나라 대학 입시의 전형별 특징을 분석하고 예측형 AI의 활용 가능성을 제안하며, 이를 통해 입시 제도의 전반적인 혁신 방안을 모색하고자 한다. 그러나 AI의 도입이 성공하기 위해서는 입시 전형의 주체인 대학이 이를 어떻게 받아들이고 활용할 것인지 명확하게 방향성을 제시해야 한다. 대학은 AI 기반 평가 방식을 어떻게 적용할 것인지 고민해야 하며, 단순한 점수 평가를 넘어 학생의 잠재력과 역량을 보다 정확하고 효율적으로 반영할 수 있는 행정 체계를 마련해야 한다.

또한 AI의 변화는 수험생과 학부모에게도 중요한 영향을 미친다. 교육과 입시에 대한 인식의 전환이 이루어져야 하며, AI가 가져올 변화에 어떻게 대비할 것인지에 대한 명확한 이해가 필요하다. 단순히 입시 준비 방식이 바뀌는 것이 아니라, 교육과 입시의 본질에 대한 사고방식 자체가 변화되어야 한다는 점을 강조한다.

결국 이 책은 AI 시대에 대학 입시가 나아가야 할 방향을 탐색하는 동시에, 우리나라 교육의 미래와 더 나아가 '진짜 인간, 진짜 지능'의 의미를 성찰하는 계기를 제공하고자 한다.

독자 여러분이 이 책을 통해, AI의 입시 도입 방향이 정책적, 윤리적으로 맞다 틀리다를 떠나, AI 시대에 걸맞은 새로운 입시 제도와 교육의 가능성을 함께 고민할 수 있기를 바란다. 교육이 단순한 경쟁과 성과 중심에서 벗어나, 개인의 성장과 발전을 온전히 지원하는 방향으로 나아갈 수 있도록, 예측형 AI 기술의 역할과 활용 가능성에 대해 깊이 있는 논의가 이루어지기를 기대한다.

참고문헌

이기호(2024). 예측형 AI 기반 한국 대학입시제도의 변화. 2024 CoViA추계학술대회. 한국융합영상예술학회.

임대준(2024.5.23). 가장 불행한 이름 중 하나가 '인공지능'…'다른 지능'이라고 불렀으면 좋았을 것. ≪AI타임스≫, https://www.aitimes.com/news/articleView.html?idxno=159929

최은수(1995). 한국의 대학입시행정. ≪숭실대학교 논문집≫, 25, 229-261쪽.

Open AI. https://openai.com/

01

인공지능과 교육의 만남

근대 교육은 산업 혁명과 함께 등장하여 표준화된 커리큘럼과 규율을 강조했으나, 21세기 후반부터 컴퓨터와 인터넷, 스마트 기기가 보급되며 교육 방식이 변화했다. 코로나19 팬데믹은 디지털 학습을 가속화했고, 생성형 AI는 교육 콘텐츠 제작, 맞춤형 피드백, 자동 평가 시스템 등을 통해 학습 방식에 혁신을 가져왔다. 향후 AI 도입은 교육의 개인화와 창의성 강화에 기여할 것이며, AI와 인간의 교수 학습 협력 모델은 교육 패러다임을 완전히 바꾸게 될 것이다.

AI와 1인 창업?

근대 교육의 탄생과 교육의 역사

AI는 교육 혁신의 핵심 기술로 맞춤형 학습과 창의적 교육 환경을 가능하게 한다. 학생들의 학습 데이터를 분석해 개인화된 학습 경로를 제공하며, 즉각적인 피드백을 통해 학습 효과를 높일 것으로 기대된다. 코로나19 팬데믹으로 디지털 전환(digital transformation)이 가속화되면서 AI의 도입이 부각되었고, 교육 격차 해소와 자기 주도적 학습 역량 강화를 위해 적극 활용되고 있다. 지난 150여 년간의 전통적 교육 모델은 AI와 만나면서 본격적인 변화가 시작됐다.

근대 교육은 18세기 말 산업 혁명과 함께 등장했다. 이전의 교육은 귀족과 성직자인 엘리트 계층 중심이었으나, 산업 혁명 이후 대규모 생산 공장이 등장하고 대량생산 체제가 도입되면서 새로운 기술과 지식을 습득한 숙련된 노동력이 필요해졌다. 이에 따라 국가 경쟁력을 위해 공교육 시스템이 구축되었다. 특히, '프로이센(Prussia) 교육 시스템'은 표준화된 커리큘럼과 학년 제도를 도입하여 산업 발전에 적합한 인재를 대량으로 육성하는 데 초점을 맞췄다. 이 강제적 교육 체계는 지식 전달과 규율을 강조했으며, 결국 나폴레옹의 프랑스군에게 짓밟히고 영토의 절반 가까이를 빼앗겼던 프로이

센(지금의 독일)을 강대국으로 성장시키는 기반이 되었다. 이 제도가 바로 근대 학교 교육의 시작이다.

20세기에는 2차 산업 혁명으로 전기, 화학, 통신 기술이 발달하면서 복잡한 산업 구조에 대응해 교육에도 변화가 필요해졌다. 특히 컴퓨터 기술의 발전은 교육 방법론에 새로운 접근을 요구했다. 1960~1970년대에는 대학과 연구 기관에서 CAI(computer assisted instruction: 컴퓨터 보조 수업 시스템)를 도입했고, 1980년대에는 PC(personal computer: 개인용 컴퓨터)가 대중화되면서 교육 현장에서도 컴퓨터를 본격적으로 활용함으로써 교육의 패러다임이 크게 변화했다. PC는 학습 효율성을 높이는 도구로 사용되었고, 시뮬레이션과 소프트웨어를 통해 과학적 원리와 수학적 개념을 더 깊이 이해하는 데 기여했다. 또한 멀티미디어 자료의 활용으로 교과 내용을 더 쉽게 시각화하고 이해할 수 있게 되었다. 그러나 이 시기의 교육 혁신은 주로 도구적 측면에 머물렀으며, 여전히 교사 중심의 일방적 지식 전달 방식이 유지되면서 창의성과 비판적 사고 함양에는 여전히 한계가 있었다.

이와 더불어 20세기 후반, 장 피아제(Jean Piaget)와 레프 비고츠키(Lev Vygotsky)의 교육심리학 이론은 기존의 지식 전달 중심 교육에서 학생 중심 교육으로의 변화를 촉진했다. 피아제는 인간의 인지 발달 단계를 강조하며, 학생들이 능동적으로 지식을 구성하는 과정의 중요성을 주장했다. 이러한 접근법은 학습자와 학습 경험과의 상호 작용성을 중시하며, 개별화와 맞춤형 학습의 중요성을 강조했다. 이는 오늘날 AI 기술을 활용한 맞춤형 학습 발전의 기초가 되었다.

1990년대 인터넷의 등장과 보급으로 교육은 중요한 변곡점을 맞이했다. 정보의 유통과 학습의 경계가 허물어지면서 e-러닝(e-learning) 개념이 본격적으로 등장했고, 학생들은 시간과 장소에 구애받지 않고 학습할 수 있게 되었다. 이는 단순한 기술적 도구의 발전을 넘어 교육의 개방성과 접근성이라는 차원에서 획기적인 변화를 가져왔다. 특히 2000년대 초반 MOOC(massive open online courses: 거대 규모 온라인 공개강좌)와 같은 대규모 온라인 교육 플랫폼 확산으로 전통적 교실 중심 교육의 경계가 무너지고, 지리적·경제적 한계를 넘어선 교육 기회를 제공했다. 학생들은 수동적 수용자가 아닌 능동적 학습자로 변화했으며, 개인화된 맞춤형 교육이 강조되었다. 그러나 많은 교육 시스템은 여전히 교실 기반 방식을 유지하며 근본적인 변혁에는 한계가 있었다.

21세기 들어 AI의 발전은 교육 혁신의 또 다른 장을 열어 가고 있다. AI는 학습 데이터를 분석해 맞춤형 학습을 제공하며, 기계 학습과 심층 학습 기술을 활용해 학습자의 패턴을 정확히 파악할 수 있다. AI 기반 학습 플랫폼은 기존의 획일적 교육에서 벗어나 개별 맞춤형 학습을 가능하게 하며, '적응형 학습(adaptive learning)'을 통해 학생들의 미래 성과를 예측 분석(predictive analytics)하여 교사가 맞춤 지원을 제공할 수 있게 한다. AI는 기존의 PC와는 다르게 단순한 교육 보조 도구를 넘어 교육의 방향성을 제시하고 최적의 학습 경험을 제공하는 핵심 기술로 자리 잡고 있다.

교육 환경의 디지털 전환

인터넷 보급 이전까지 교육은 산업 혁명 시대의 집단 교육 방식을 유지하며, 교사 한 명이 많은 학생에게 획일적으로 지식을 주입하는 방식이었다. 그러나 인터넷을 통한 지식 정보 습득량이 증가하고, 동시에 휴대용 스마트 기기(smart device)가 급격히 확산하면서 디지털 대전환 시대를 맞이하게 되었다. 이로 인해 스스로 정보를 찾고 분석할 줄 아는 창의적 인재를 요구하게 되면서, 교육계는 새로운 교수 학습 방법을 연구했고, 온라인 강의와 정보 통신 기술의 발전이 교육의 디지털화를 가속화했다. 거꾸로 학습(flipped learning), 혼합 학습(blended learning), 스마트 학습(smart learning) 등 자기 주도형 학습 방법이 확산했지만, 한국 교육은 대학 입시 중심의 점수 지상주의와 서열화로 인해 주입식 학습에서 크게 벗어나지 못하고 실험에 그치는 수준이었다. 또한 교육 당국과 학교의 인식 부족으로 스마트 기기가 단순 보조 학습 도구로 사용되며, 교사 중심의 전통적 교육 방식이 지속되고 있다.

2019년 12월 어느 날 아침, 전 세계를 강타한 코로나19 팬데믹으로 교육은 온라인 플랫폼과 디지털 도구 사용을 강요당하면서 교육의 전면 디지털화는 선택이 아닌 필수가 되었다. 하지만 교사들은 원격 교육 기술이 부족했고, 학생들도 자기 주도적 학습 능력이 절대적으로 요구되면서 모두에게 새로운 도전과 기회가 되었다. 코로나19는 개인화 · 맞춤형 교육의 중요성을 부각하며, 디지털 학습 도구와 원격 학습 플랫폼을 필수 요소로 자리 잡게 했다. 하지만 장비 부족과 네트워크 환경 문제, 대면 상호 작용 감소로 학습 동기가 저하되는 어려움도 발생했다. 이에 따라 학생 개개인의 필요와 상황에 맞춘 교육이 필요하다는 인식이 확산되었다.

생성형 AI의 등장은 교육 혁신의 중요한 열쇠가 되었다. 4차 산업 혁명을 위시한 인공지능은 다양한 분야에서 혁신을 불러일으켰으며, 특히 ChatGPT와 같은 '대규모 언어 모델(large language model: LLM)' 기반 AI는 자연어 처리와 콘텐츠 생성을 통해 교육 환경에 변화를 가져왔다. AI가 자율적으로 정확하지 않을 수 있는 답을 '생성'한다는 점에서 교육계의 우려도 있지만, 인간의 질문(프롬프트, prompt)에 따라 결과물이 달라지는 특성은 학습자의 역량을 강화하는 자율 학습 측면에서 긍정적으로 평가되기도 한다. 따라서 생성형 AI는 교육 콘텐츠 자동 생성, 맞춤형 피드백, 질의응답 시스템 등에서 혁신적 역할을 할 것으로 평가된다. 학생들은 단순한 정보 검색이 아닌 질문하고 분석하는 능력을 길러야 한다. 이제는 자신이 '무엇을 모르는지를 아는 것'이 중요해졌다. 교육자는 지식 전달자에서 학생들의 자기 주도적 학습을 지원하는 역할로 변화하고 있다.

생성형 AI의 교육 환경 변화

2022년까지도 정부는 AI로 대체 가능한 직업과 불가능한 직업을 구분하며 4차 산업 혁명 시대에 창의적 교육의 중요성을 강조했고, 다양한 창의적 교수 학습법이 활발히 시도되었다. 그러나 생성형 AI가 이미지, 동영상, 음악, 소설 등 실제 창작을 수행하면서, 인류 역사상 가장 오래된 인간 고유의 영역이었던 예술이 AI에 의해 대체될 위기에 놓였다. 중요한 것은 생성형 AI가 단순 조합이 아니라 새로운 데이터를 창출(creation)하며, AI 아티스트, 소설가, 음악가 등이 등장해 "창작은 무엇인가?"라는 질문을 우리에게 던졌다는 점이다. 더 나아가 AI 교수, 의사, 목사까지 등장하면서, '공부', '인간', '종교'의 본질에 대한 진지한 철학적 고민이 필요한 시대가 도래했다.

생성형 AI는 교육 분야에서도 학생과 교사에게 새로운 교수 학습 도구를 제공하며 교육 환경을 변화시키고 있다. 이에 따라 '창의성'과 교육 방향에 대한 논의가 다시 이루어졌고, 교육부는 2025년부터 초중고 정규 교육과정에 'AI 디지털 교과서'를 부분적으로 도입하기 시작했다.

생성형 AI는 교사들의 강의 자료 제작 과정과 시간을 단축하고, 학생들은 AI를 활용해 학습 자료를 생성하거나 개념을 보완 학습할 수 있다. 따라서 생성형 AI 도입으로 학생들의 자율 학습 능력을 크게 향상시킬 수 있는 교육 환경 제공이 가능해질 것으로 기대된다. 또한 자동 평가 시스템을 통해 공정한 평가와 맞춤형 피드백이 가능해져, 현재는 불가능한 1:1 개별 교육을 지원할 수 있게 된다. 생성형 AI는 학습 동기 저하, 자기 주도 학습 부족, 기술 격차 문제를 해결하며, 기존의 근대적 교육 시스템에서는 불필요했고 불가능했던 '교육의 개인화'와 '맞춤형 학습'을 현실화하는 중요한 도구로 주목받고 있다.

문제는 생성형 AI의 발전 속도를 예측하기 어려우며, 특히 인간 수준의 지능을 가진 '인공 일반 지능(artificial general intelligence: AGI)'의 등장이 가까워지고 있다는 사실이다. 엔비디아(NVIDIA)의 개발자 연례행사인 'GTC(GPU technology conference) 2024'에서 엔비디아의 CEO인 젠슨 황(Jensen Huang)은 AGI 시대가 5년 남았다고 공언했다. 이러한 상황에서 AI가 미래 교육 모델로서 성공적인 교육 혁신으로 이어지기 위해서는 과거와 같이 단순한 학습 도구로만 머물러서는 안 된다. AI와 인간의 미래 지향적 협력 모델을 연구하며, 학생들이 스스로 학습할 수 있는 환경을 조성하고, 교사들이 개별 학생의 성장을 지원하는 체계를 마련해야 한다. 이를 통해 AI의 진정한 가치를 교육에서 실현할 수 있다.

참고문헌

계보경(2020). 언택트 시대, 그리고 우리 교육의 균형점. ≪행복한교육≫, 2020년 6월호. 교육부.

김진숙(2020). 코로나19가 던진 교육 혁신 방향과 과제. ≪서울교육≫, 240, 10-19쪽, 서울특별시교육청교육연구정보원.

한국교육학술정보원. https://www.keris.or.kr/main/aidtMain.do

Open AI. https://openai.com/

02
한국 대학 입시 제도 현황과 문제

한국 대학 입시는 사회적 성공의 중요한 수단으로 발전했으며, 수능과 학생부 전형 등 다양한 방식이 도입되었지만, 여전히 공정성 논란과 과도한 경쟁 문제가 지속되고 있다. 단일 시험 중심의 평가 방식은 학생들의 잠재력을 반영하지 못하며, 사교육 의존도를 높인다. 이를 해결하기 위해 AI 기반 예측 평가 시스템을 도입하여 공정성과 효율성을 강화하는 새로운 평가 방식이 필요하다.

AI와 MBTI?

대학 입시 도입과 변천 과정

한국의 대학 입시는 인재 양성의 중요한 기제로서 단순한 고등 교육 진입 절차가 아니라, 사회적 신분 상승과 경제적 성공을 위한 중요한 수단으로 기능해 왔다. 특히 1960~1980년대 산업화 시기, 대학 졸업자는 기업에서 중요한 역할을 맡을 기회를 얻었고, 대학 입시는 사회적 이동성을 보장하는 통로가 되었다. 이에 따라 대학 입시는 학업 능력 평가를 넘어 사회적 지위와 경제적 기회를 결정짓는 기준이 되었으며, 학생과 부모가 성공적인 대학 진학을 위해 막대한 노력을 기울이는 이유가 되었다. 오늘날 수능과 대학 입시 전형이 조선 시대 과거(科擧) 제도처럼 국가적 행사로 여겨지는 것도 이러한 배경에서 비롯한다. 한국 대학 입시 제도는 시대적 변화에 따라 여러 차례 개편되었으나, 지속적인 논란과 문제점이 제기되고 있다.

해방 후~1960년대: 대학 입시 제도의 도입과 표준화

한국의 대학 입시 제도는 1945년 해방 이후 본격적으로 형성되었다. 당시 교육은 일제 강점기의 영향을 받았으며, 해방 후 국가 재건과 경제 성장을 위해 교육이 중요한 정책 목표가 되었다. 초기에는 통일된 입시 제도가 없어 각 대학이 독자적으로 대학별 고사를 시행했는데, 이는 대학 간 경쟁을 초래하고 학생들에게 큰 부담이 되었다. 학생들은 여러 대학의 개별 시험으로 시간과 비용이 많이 들었으며, 대학의 평가 기준 차이로 불공정한 입학 사례가 빈번하게 발생하며 공정성 문제 등 입시 제도의 한계를 드러났다.

한국 정부는 대학 입시의 공정성과 효율성을 높이기 위해 1954년 대학 입학 예비고사를 처음 도입했다. 국가 주관 시험으로 대학별 시험을 완전히 대체하지는 못했지만, 입학 자격을 평가하는 동일한 기준은 마련되었다.

1960년대에는 입시 제도의 표준화가 강화되었고, 1969년부터 예비고사와 본고사 제도가 시행되었다. 예비고사를 통과한 학생만 대학별 본고사에 응시할 수 있는 구조여서 학생들의 부담은 일부 완화되었지만, 이로 인해 입시 경쟁은 지나치게 과열되었다.

1980년대: 과학, 인문학 등 학력고사 도입과 교육열의 심화

1980년대는 한국 교육 역사에서 중요한 전환점으로 대학 입학 학력고사가 도입된 시기다. 1981년 도입된 대학 입학 학력고사는 전국 단위 통합 시험으로, 대학별 본고사를 폐지하고 모든 대학이 이 시험의 결과에 따라 학생을 선발하도록 함으로써 공정성을 높이려 했다. 초기에는 긍정적으로 평가되었지만, 시간이 지나면서 문제점이 드러났다. 학력고사는 암기식 학습을 부추겼고, 학생들을 주입식 교육에 의존한 객관식 시험 대비에만 집중하도록 만들었다. 또한 단 한 번의 시험으로 성취도를 평가하는 방식은 일회성 평가의 한계를 지니며, 학생들에게 과도한 스트레스와 사교육 의존도를 높이고, 학습 과정보다는 시험 결과에만 집중하게 되는 부작용을 초래했다.

1990년대: 수능 도입과 학생부 전형의 등장

1993년 도입된 대학 수학 능력 시험(수능)은 기존 학력고사의 암기식 학습을 줄이고 사고력과 문제 해결 능력을 평가하는 것을 목표로 했다. 따라서 일부 주관식과 서술형 문항을 포함하는 형태로 변화되었으며, 수능 성적 중심의 정시 모집과 함께 학생부 종합 전형을 본격적으로 시행하여 대학 입학 기회를 다양화했다.

그러나 수능은 여전히 단일 시험 중심의 평가 방식으로 학생들에게 큰 부담을 주었으며, 대학 서열화 문제도 지속되었다. 결국 명문 대학 진학을 위한 경쟁이 과열되면서 입시 부담과 사교육 의존도는 계속 높아졌다.

2000년대 이후: 입학 사정관제와 수시 모집의 확대

2000년대 들어 한국 대학 입시는 또 한 번의 큰 변화를 맞이하게 된다. 기존 수능 중심 방식의 한계를 보완하기 위해 수능 성적표에 점수와 백분위를 삭제하고 등급만 기록하는 '수능 등급제'와 입학 사정관(admission officer)을 통해 학생을 선발하는 '입학 사정관제(入學査定官制)'를 도입하며 수시 모집을 확대했다. 수능 등급제는 점수 차이로 당락이 갈리는 문제를 해결하려고 했으나 논란 속에 1년 만에 폐지되었고, 입학 사정관제는 학생부를 중심으로 내신과 비교과 활동을 통한 학교 생활 내용, 자기소개서, 면접 등을 종합적으로 평가해 선발함으로써 수능 의존도를 낮추고 단일 시험의 한계를 극복하는 데 기여했다. 하지만 스펙 위주의 선발로 변질되며 사교육 증가와 불공정 논란을 초래하는 문제도 발생했다.

한국 대학 입시 제도의 현황

입시 전형은 수시와 정시 전형으로 나뉘며, 수능, 학생부 종합, 학생부 교과, 논술, 면접, 특기자, 실기 등 다양한 방식으로 시행된다. 이는 학업 능력과 분야별 특성에 따라 다양한 역량을 평가하려는 목적이지만, 지나친 경쟁과 사교육 의존으로 사회적 격차가 심화되고, 공정성 논란이 지속되고 있다. 이를 해결하기 위해 다양한 변형 조건이 추가되었으나, 오히려 입시 전형이 과도하게 복잡해지는 문제가 발생했다. 이에 따라 입시 제도의 구조적 개혁과 학생들의 실질적 학업 능력과 잠재력을 평가할 새로운 방식이 요구되고 있다.

수학 능력 시험 전형

정시 모집은 수능 성적을 중심으로 학생을 선발하는 방식으로, 학업 성취도를 객관적으로 평가하기 위해 국가가 주관하는 표준화된 시험이다. 수능은 국어, 수학, 영어, 한국사, 탐구(사회/과학/직업), 제2외국어/한문으로 구성되며, 선택 과목 제도를 통해 학생들이 강점에 맞는 과목을 선택할 수 있다. 시험 결과는 표준 점수, 백분위, 등급으로 산출하며, 대학은 각 전형에 따라 이를 선택적으로 반영해 선발한다.

학교생활 기록부와 면접 전형

수시 모집은 공교육 정상화를 목적으로 학생의 고교 생활 전반을 반영하며, 학생부 평가 배점을 정시 모집 때보다 높은 비율로 선발한다. 주요 전형으로 학생부 교과,

학생부 종합, 면접이 있다. 학생부 교과 전형은 내신 성적을 중심으로 정량적 평가가 이루어지지만, 학교별 성적 분포 차이로 인한 등급의 불평등 문제와 경쟁 과열이 문제로 지적된다. 학생부 종합 전형은 내신, 출석, 동아리 활동, 봉사 활동, 특기 사항, 교사의 종합 의견, 자기소개서, 추천서 등을 평가해 학생의 종합적 잠재력과 전공 적합성을 고려하지만, 공정성과 투명성 논란이 있다. 면접 전형은 학생부 내용을 토대로 학생의 태도, 인성, 열정 등을 파악하기 위한 과정이지만, 역시 사정관의 주관적 개입이 강한 분야로 공정성 논란에서 자유롭지 않다.

실기/논술 전형

실기와 논술 전형은 예체능, 과학, 인문학 등 특정 분야에서 뛰어난 재능을 보인 학생을 선발하는 특기자 전형으로, 공인 어학 성적 등 교외 활동이 평가에 포함될 수 있다. 예체능 계열은 대부분 실기시험이 필수이며 장기간의 사전 준비가 매우 중요하다. 그러나 주관적 평가로 인한 공정성 논란과 입시 비리 문제가 지속적으로 제기되고 있다. 논술 전형은 인문 사회 계열 또는 자연 계열에서 사고력과 논리적 표현, 창의적 문제 해결 능력을 평가한다. 하지만 일부 상위권 대학에서만 시행되며, 대학별 논술 방식 차이로 인해 사교육 의존도가 높아 수험생 부담이 크다는 단점이 있다.

한국 대학 입시 제도의 문제점

한국 대학 입시 제도는 다양한 전형을 통해 공정성과 교육 기회의 평등성을 추구하지만, 여전히 많은 문제점을 안고 있다. 좋은 대학 진학이 사회적 지위 상승과 직결된다는 인식이 강해 과도한 경쟁을 초래하며, 학생들에게 심리적 · 정서적 스트레스를 가중시킨다. 특히 명문 대학을 목표로 한 조기 사교육 의존이 높아지면서 사회적 격차가 더욱 심화하고 있다.

학생의 가능성 판단과 변별력의 한계

한국 대학 입시 제도는 지난 80여 년간 대학별 고사부터 수능까지 보완 과정을 거치며 변화해 왔지만, 여전히 학생의 능력과 가능성을 한 번의 시험으로 판단해야 하는 문제가 있다. 일회성 평가의 한계로 인해 작은 실수나 컨디션 저하가 대학 진학 실패로 직결될 수 있다. 단순한 실수가 평생의 진로를 결정짓는 단죄의 결과로 이어질 수 있으며, 이는 학생의 실제 학업 능력이나 잠재력과는 상관없는 평가 방식이라는 점에서 큰 문제점을 안고 있다. 또한 변별력을 높이기 위해 킬러 문항과 함정 문제를 출제하면서 사교육 의존도를 크게 높였고, 학생들은 문제 풀이 테크닉을 익히는 데 집중할 수밖에 없는 구조가 되었다.

학생부 종합 전형(학종)은 시험 점수만으로 학생을 선발하는 한계를 보완하고, 대학 서열화를 완화하기 위해 도입되었다. 시험 점수만으로는 판단하기 힘든 학생의 다양한 역량을 정성적으로 평가하는 것이 목적이지만, 평가의 불투명성과 공정성 문제가 지속적으로 제기되고 있다. 또한 우수한 평가를 받기 위해 스펙을 쌓아야 하는 부담이 커지면서 교육 기회의 불평등이 심화되었다. 학종과 입학 사정관제는 학생들의 다양한 역량을 반영하려 했으나, 주관적 평가 개입의 여지가 많아 특정 학생에게 유리하게 작용할 가능성이 있다는 공정성 논란이 끊이지 않고 있다.

결과적으로 현행 대학 입시 제도는 학생들의 성실성과 학습 과정에서의 성취, 미래 잠재력을 제대로 평가하지 못하며, 단일 시험 중심의 구조적 한계를 가진다. 학생부 종합 전형과 같은 대안적 평가 방식이 도입되었지만, 여전히 시험 성적에 대한 의존도가 높아 학생들의 다양한 잠재력을 반영하기 어렵다. 학생들은 시험 준비에 매몰되면서 창의력과 문제 해결 능력을 개발할 기회를 잃고, 단 한 번의 실수가 '실수=실패=낙오자'로 인식되는 사회 공식 속에서 극심한 경쟁에 놓여 있다. 결국 입시 성공 여부에 따른 사회적 인식 격차가 커지며 교육의 양극화 문제가 더욱 심해지고 있다.

정량화된 평가와 공정성

교육에서 '공정(公正)'과 '공평(公平)'의 개념은 단순히 모든 학생에게 동일한 기회를 주는 것만으로 달성될 수 없으며, 그 과정에서 여러 가지 복잡한 문제가 발생할 수 있다. 한국 대학 입시는 사회적 성공의 중요한 척도로 여겨지기 때문에 '공정성'과 '공평성'은 언제나 핵심 논점이 되어 왔다. 이를 확보하기 위해 학생들의 능력과 성취도를 객관적으로 수치화해 공정한 기준에 따라 평가하는 정량화된 수능 점수와 내신 등급을 적극적으로 활용하는 상황이다. 수능은 전국 단위의 동일한 시험으로 객관적 평가가 가능하지만, 일회성 시험으로 실수나 컨디션에 따라 결과가 좌우되는 한계가 있다. 또한 학업 능력만을 평가해 학생들의 다양한 잠재력을 반영하지 못한다. 다시 말해, 수능 성적이 높은 학생이 대학 생활에서 성공할 것이라는 보장은 없다. 내신은 일정 기간 동안의 학업 성취도를 평가해 수능보다 공정할 수 있으나, 학교 간 교육 환경 차이로 인해 공평한 성적 비교가 어려운 문제가 있다. 이처럼 정량화된 평가는 객관성을 높이지만, 학생들의 능력을 완전히 반영하는 데 한계를 가진다.

정량화된 평가는 공정성을 높이는 도구로 활용되지만 인간성, 창의력, 문제 해결 능력 등 비학문적 역량을 반영하기에는 무리가 있다. 한국 사회는 역사적으로 급격한 근대화와 도시화를 겪으며 전통적 신뢰 기반이 약해졌고, 경쟁과 성과 중심 문화 속에서 수능과 내신 같은 정량 평가를 강조해 왔다. 박근혜 정부는 과학 기술을 국가 경쟁력의 핵심으로 보고, '창의 융합' 정책을 통해 경제 성장과 미래 산업 육성을 추진했다. 이를 위해 정책 목표를 수치화하고 성과를 정량화하는 방식을 도입해, 주관적 판단을 최소화하고 투명성을 확보하는 객관적 평가 방법이 자리 잡았다. 정량화된 평가 방식은 교육, 공공 기관, 기업 등 사회 전반에 퍼졌지만, 양적 성과 중심 문화로 인해 질적 가치 평가는 소홀해졌다. 정량적 평가는 공정성을 확보하는 데 기여했지만, 창의성과 다양성을 평가하는 데는 한계를 보였다. 결론적으로, 정량화된 평가는 고소득층의 사교육 투자로 인한 성적 격차와 교육 불평등을 키우면서 신뢰 부족 사회를 더욱 고착화하는 부작용을 낳았고, 과도한 경쟁으로 학생들에게 심리적 압박을 가중시켰다. 미래 입시 제도는 신뢰와 공정성을 기반으로 학생들의 잠재력과 다양성을 포괄적으로 평가할 수 있는 방향으로 나아가야 한다. 이는 한국 교육이 신뢰 회복과 불평등 해소를 위해 풀어야 할 중요한 과제다.

대학 입시 제도의 개선 방향

한국 대학 입시 제도는 단일 시험 중심에서 벗어나, 학습 과정과 잠재력을 종합적으로 평가하는 방식으로 개선되어야 한다. 정량화된 평가는 효율적이지만 과도한 적용으로 본래 취지가 왜곡되었고, 대학과 사회 전반에서 수치 중심 경쟁을 조장했다. 그리고 모든 분야에 걸쳐 정량화를 추구하며 이기주의적 사회로 변화했다. 학생들의 학업 능력은 단순한 시험 성적이 아니라 창의력, 리더십, 문제 해결 능력 등 다양한 역량을 반영해야 한다. 이를 위해 학교생활 기록과 비교과 활동을 종합적으로 평가하는 질적 평가 시스템이 필요하다.

AI 평가 시스템은 학생들의 성적, 비교과 활동, 학습 스타일을 분석해 종합적 잠재력을 예측하며, 단일 시험

의존도를 줄이고, 평가의 주관성을 최소화할 수 있으며, 공정성과 공평성을 높일 수 있다. 한국 대학 입시는 그동안 공정성과 효율성을 높이려는 다양한 시도를 해 왔지만, 과도한 경쟁과 일회성 평가의 한계를 극복해야 할 과제가 산적해 있다. 앞으로 정량 · 정성 평가의 균형을 맞추고, AI를 활용해 평가의 유연성과 포용성을 강화해 실질적이고 지속 가능한 질적 성장을 장려해야 한다.

참고문헌

김정빈(2024). 우리나라 대입제도의 변천 과정 및 향후 추이. ≪서울교육≫, 227, 서울특별시교육청교육연구정보원.

Open AI. https://openai.com/

03
인공지능이 입시 과정에 미치는 영향

예측형 AI는 학생의 학습 데이터와 잠재력을 분석해 입시 평가의 공정성과 객관성을 높인다. 수능 출제, 면접, 실기 평가에도 AI가 도입되어 변별력을 강화할 수 있다. 수험생은 암기보다 사고력과 지속적인 학습 태도가 중요해지며, AI 분석을 활용한 맞춤형 입시 전략이 필요하다. AI 기반 입시는 단순 점수 경쟁을 넘어 학생들의 전인적 성장과 미래 가능성을 평가하는 방향으로 변화할 것이다.

AI와 난임 극복?

예측형 AI란

2022년 챗지피티(ChatGPT)의 등장은 생성형 AI 기술의 급격한 발전을 알리는 신호탄으로, 인간의 언어 이해와 문제 해결 능력을 갖춘 혁신적 기술로 평가되며, '불의 발견'과 '스마트폰의 등장'에 이은 세 번째 인류 대변혁으로 비유될 정도다. 이는 단순한 기술 혁신을 넘어 인간의 역할과 능력에 대한 근본적인 질문을 던지며, 우리가 무엇을 배우고 가르쳐야 하는지의 교육적 목적에 대한 성찰로 이어지고 있다. 특히 우리나라에서 가장 큰 국가적 연례행사 중 하나인 대학 입시는 AI가 가져올 변화에 가장 민감해야 할 영역으로, 기존의 입시 패러다임에 도전을 받고 있다. 미래 세대는 AI 교과서와 새로운 교육 환경에서 성장하며 창의적 문제 해결과 비판적 사고가 더욱 중요해질 것이다. 이는 입시를 넘어 새로운 교육 접근 방식과 발상의 전환이 필요한 시대적 도전에 직면했음을 의미한다.

생성형 AI(generative AI)는 많이 익숙한 단어가 되었지만, 예측형 AI(predictive AI)는 생소한 단어일 것이다. 생성형 AI는 텍스트, 이미지, 음성 등 콘텐츠를 생성하는 기술로, 챗지피티(ChatGPT), 제미나이(Gemini), 그록(Grok), 달리(DALL-E), 미드저니(Midjourney), 스테이

블 디퓨전(Stable Diffusion) 등의 콘텐츠 생성 플랫폼이 대표적이다. 이 기술은 단순히 콘텐츠 생성에서 더 나아가 데이터를 분석하고 미래를 예측하는 예측형 AI로 확장되고 있다.

예측형 AI는 머신 러닝과 빅 데이터를 활용해 패턴을 분석하고 미래 사건이나 결과를 예측하는 기술로써 현재 의료와 마케팅 분야에서 활용되고 있다. 실제 상황에 대한 통찰과 결정을 제공하는 차세대 기술로, 자연어 처리 기술과 딥 러닝 기술의 발전으로 예측 정확도가 높아지고 있으며, 데이터의 양과 정확성이 핵심 요소로 작용한다.

빅 데이터(big data)는 예측형 AI의 핵심 요소로, 대규모 데이터를 활용해 패턴과 트렌드를 분석하며 실시간 처리와 다양한 데이터 형식을 포함한다. 데이터의 양뿐만 아니라 빠른 속도(velocity)를 낼 수 있어야 하며, 다양한(variety) 종류의 데이터를 활용하여 정확한(veracity) 품질의 결과물을 확보하는 것이 중요하다. 대형 언어 모델(large language models: LLM)은 이를 학습해 자연어를 이해하고 숨겨진 패턴을 발견할 수 있다. 따라서 예측형 AI는 교육 분야에서도 혁신적으로 활용될 수 있다. 학생들의 성적과 누적 학습 데이터, 생활 기록부를 분석해 학업 성취도를 평가하고 미래 가능성을 예측함으로써 전통적인 평가 방식의 한계를 보완하게 될 것이다.

인공지능과 대학 입시

대한민국의 정량화된 입시는 사교육 경쟁을 심화하고 교육 격차를 초래해 왔다. 그러나 예측형 AI는 학생 평가의 다각화를 확보하며, 학습 데이터 기반으로 학업 성취도뿐만 아니라 창의성, 문제 해결 능력, 비판적 사고 등을 분석하여 기존 정량적 평가를 보완함으로써, 기존에는 확인할 수 없었던 학생의 잠재력과 전인적 성장을 예측하여 평가하는 데 기여하게 될 것이다. AI 평가 분석 시스템을 구축하여 입학 사정관의 주관적 판단을 줄이고 평가의 공정성과 투명성을 확보할 수 있다. 또한 공교육 학습 데이터를 활용해 불필요한 스펙 경쟁을 줄이고 학습 성취도를 중심으로 변별력을 확보하는 새로운 입시 모델을 제안할 수 있다. 이 AI 평가 분석 시스템으로 분석할 내용은 교과 성적, 출결 사항, 과제 및 수행 평가 기록, 동아리 활동 기록, 학습 태도와 책임감, 학업에 대한 지속적인 노력, 학생 참여도 및 행동 데이터, 창의 문제 해결 등이다. 이런 공교육 데이터를 기반으로 학생 개인의 잠재력을 분석하고 학생들의 학업 성취를 공정하고 투명하게 평가할 수 있다.

AI는 학생의 학업 성취를 단일 성적이 아닌 학습 변동 추이를 분석해 평가하며, 지속적인 노력과 개선 내용을 반영할 수 있다. 단일 시험 성적이 아닌 장기적 학습 데이터를 활용해 시험 불안이나 실수로 인한 불이익을 줄이고, 교외 활동과 대회 성적 등의 진정성 있는 활동 내역도 포함해 개별적인 학습 스타일과 성취도를 종합적으로 평가한다. 지금 잘하는 학생도 중요하지만, 앞으로 '잘할' 학생에 대한 예측 평가가 매우 중요하며, AI가 이를 가능하도록 한다.

예측형 AI는 공교육 학습 데이터를 기반으로 공정한 경쟁 환경을 조성하며, 스펙 중심의 과도한 사교육과 진정성 있는 노력을 구분해 일관된 평가 기준을 제공할 수 있다. 이를 통해 AI는 대학 입시의 변별력을 높이고, 미래 사회에서 성공할 인재를 양성하는 새로운 평가 기준을 제시할 것이다.

인공지능과 수능

수능은 대학 입시에서 가장 중요한 평가 요소로 국민적 관심이 집중되는, 하지만 단 한 번의 기회에 모든 걸 걸어야 하는 '고위험 시험'이다. 실수로 인한 점수 하락은 학생과 가족에게 큰 부담을 주는 구조적 문제가 있다. 수능의 본래 목적은 '대학 수학 능력 시험'이라는 이름에서 알 수 있듯이, 학생들이 대학에서 학업을 수행할 준비가 되었는지를 평가하는 것이며, 고등학교 교육 이수 여부와 기초 지식, 사고력을 객관적으로 측정하는 도구다. 전국 공통 시험으로 공정성을 확보하는 장점이 있으며 대학 진학의 핵심 기준이 된다.

하지만 수능 점수가 문제 풀이 능력과 지식을 평가하는 기준이 될 수는 있으나, 학생의 학습 과정과 환경을 반영하는 지표로는 상당히 부적합하다. 수능 점수는 그 자체로 형식적 공정성을 보장하며 명확한 정량적 기준을 제공하지만, 실질적 공정성을 확보하는지는 의문이다. 수능은 단순히 지식의 양만으로 높은 점수를 받기 어렵고, 다양한 외적 요인에 영향을 받기 때문에 단순한 서열 매기기 도구로 작용할 뿐 학생의 실제 학업 능력을 온전히 반영하지는 못한다. 따라서 수능의 역할은 명칭 그대로 수학 능력 여부만 판단하는 본래 목적에 충실해야 한다.

AI는 이와 같은 수능의 고질적 문제를 해결할 수 있는 도구로, 문제 출제부터 채점까지 전 과정에 적용이 가능하다. 이미 EBS나 여타 기출문제 사이트 등에서는 AI 기반 모의고사 문제 생성이 이루어지고 있으며, 이를 통해 난이도 조정, 킬러 문항 방지, 정답 오류 최소화가 가능하다. 또한 AI는 각 영역별 점수와 문제 난이도에 따른 수능 결과를 분석해 개별 수험생의 실수 여부와 문제당 풀이 시간을 파악해 학생의 학습 환경을 고려한 실질적 학업 능력을 평가할 수 있다. 이는 과거 본고사나 학력고사와 다르지 않은 수능의 원래 목적을 살림으로써 학생들의 잠재력을 정확히 판단하는 도구로의 변환을 의미한다.

인공지능과 입시 평가

한국 대학 입시는 수능 외에도 학종, 논술, 면접, 실기 평가를 포함하며, 이 과정에서 평가자의 주관이 개입될 가능성이 높다. 교수나 전문가가 학교가 원하는 학생을 뽑기 위해 나름의 공정한 기준을 마련하지만, 평가자의 성향과 외적 요인에 따라 판단 오류가 발생할 수 있다. AI의 입시 도입은 이러한 주관적 평가와 선택적 딜레마 문제를 해결할 수 있는 방안으로, 논란이 지속되는 평가 공정성 문제를 개선하는 역할을 할 수 있다.

입학 사정관제

입학 사정관제는 미국의 모델을 따라 학생의 학업 성취

도와 비교과 활동을 종합적으로 평가하는 전형 방식이다. 입학 사정관은 학교생활 기록부를 바탕으로 학생의 잠재력과 대학에서의 성공 가능성을 판단하지만, 평가 과정에서 '선택적 딜레마(selective dilemma)'와 주관적 판단이 개입될 수 있다. 딜레마란 두 가지 옵션 중 각각 또는 어느 하나만을 받아들이기 어렵거나 불리한 상태를 뜻하는데, 선택적 딜레마는 여러 대안이나 선택지 중 하나를 선택해야 하는 상황에서 각각의 선택이 상충되는 장단점을 가지거나, 선택에 따라 서로 다른 결과를 초래할 때 발생하는 문제를 뜻한다. 입학 사정관은 수많은 학생의 다양한 자료를 종합적으로 검토하여 판단을 내리지만, 그 내용들이 대부분 우열을 가리기 힘든 경우가 많다. 이때 사정관은 어떤 학생을 선별하는 것이 최선인지, 어떤 요소에 더 가중치를 둘 것인지에 대해 선택적 딜레마를 일으키게 된다. 예를 들어, 학업 성적이 우수하지만, 비교과 활동이 저조한 학생과, 학업 성적은 다소 낮지만 리더십과 직업 관련 활동이 활발한 학생 중 누구를 선발할지 결정하는 데 어려움이 따른다. 또한 특정 요소를 과대평가하거나 간과할 위험이 있으며, 이는 평가의 불공정을 초래하여 학생들이 정확한 평가를 받지 못하는 문제로 이어질 수 있다.

예측형 AI 평가 분석 시스템은 입학 사정관의 주관적 판단을 보완하여 평가의 객관성과 일관성을 유지할 수 있다. AI는 학생부 데이터를 종합 분석해 학업 성취도, 리더십, 활동 내역뿐만 아니라 발전 가능성까지 예측하며, 사정관이 선택적 딜레마에 빠지지 않도록 종합적인 평가 결과를 제공한다. 이를 통해 입시 과정에서 보다 공정하고 정확한 평가가 가능해진다.

면접 고사

면접 고사는 학생들의 창의력, 문제 해결 능력, 인성 등을 평가하지만, 면접관의 주관에 크게 좌우될 수 있어 공정성 문제가 발생한다. 짧은 시간 내에 평가를 진행하기 때문에 판단 오류가 생길 수 있으며, 학생의 외모, 출신 학교, 지역 등에 대한 평가자의 성향이나 선입견, 무의식적 편견이 점수에 영향을 미치게 된다. 예측형 AI는 학생의 언어적 · 비언어적 표현을 분석하여 면접관의 주관적 판단을 보완할 수 있다. 표정, 목소리 톤, 답변 논리성을 실시간 분석하며, 여러 면접관의 평가 결과를 종합해 일관된 평가 기준을 제공함으로써 면접의 객관적 종합 결론을 도출할 수 있다.

실기 고사

실기 고사는 미술, 음악, 공연, 체육 등의 예체능 계열 대학 입시에서 전공 학습을 수학할 기초적인 능력이 되는지를 판단하는 매우 중요한 평가 요소이나, 수능과 마찬가지로 일회성 시험의 한계를 가지고 있다. 또한 학생들은 자신의 특기와 전문적 능력을 발휘할 수 있는 중요한 기회지만 평가자의 주관적 판단에 의존하기 때문에 평가 오류와 공정성 논란이 자주 발생한다. 예를 들어, 미술 실기에서는 평가자마다 창의성, 기술적 완성도 등에 대한 각자의 기준 차이로 점수가 크게 달라질 수 있다. 이러한 주관적 오류를 최소화할 대안이 필요하지만, 아직 효과적인 해결책이 마련되지 못한 상황이다.

AI는 실기 평가에서 학생들의 작품, 연주, 체육 실기를 분석하여 평가자의 주관적 판단을 보완할 수 있다. 실기 장면을 실시간 모니터링하고 기술적, 예술적 평가 및 발전 가능성을 예측해 정량적 요소를 추가함으로써 평가의 공정성을 높일 수 있다. 빅 데이터 기반 예측형 AI는 입시 전반에서 주관적 오류를 최소화하고 객관성을 강화할 수 있지만, AI가 모든 평가를 대신할 수는 없다. AI는 인간의 보조 도구로써 공정성과 객관성을 높일 수 있지만, 최종적인 판단은 여전히 인간의 몫이고 해야 할 역할이다. AI와 인간의 협력을 통해 보다 공정하고 신뢰성 있는 입시 평가 시스템을 구축하는 것이 중요하다.

인공지능과 수험생

대학 입시의 주체는 수험생이며, 공정하고 객관적인 평가가 필수적이다. 모든 수험생은 이 한순간의 평가를 위해 지난 몇 년간 엄청난 노력을 쏟아붓는다. 하지만 AI 도입으로 평가 방식과 입시 준비 과정이 크게 변화할 것이다. 빅 데이터 기반 예측형 AI 평가 분석 시스템은 단순한 성적 평가를 넘어 장기적인 학습 패턴을 분석하고 성장 가능성을 예측하여 정밀한 평가 결과를 제공한다. 이는 기존의 단일 시험 성적 중심 평가보다 더 정확한 판단을 가능하게 한다. 이제 수험생들은 새로운 방식으로 입시를 준비해야 한다.

AI는 학생부 데이터를 분석해 학업 성취도, 노력, 태도를 평가하고 성장 가능성을 예측한다. 중요한 점은 꾸준한 내신 성적 관리와 학습 태도의 지속성이다. 어느 한 순간의 좋은 성적이 아니라 전반적으로 상향 곡선의 성과를 나타내는 것이 유리하며, 선행 학습을 통한 높은 성적보다 공교육 중심으로 꾸준하게 학습해 왔는지가 더 중요한 요소가 된다. AI 기반 평가에서는 사고력과 문제 해결 능력이 중시되며 탐구형 질문과 사례 분석 문제에 익숙해져야 한다. AI는 면접 데이터를 분석해 태도, 논리적 사고, 표현 능력까지 분석하므로 자신감 있는 표현 연습이 필요하다. AI는 수험생의 음성 톤, 말투, 자세 등 비언어적 요소까지 분석할 수 있다. 실기 평가에서도 기술적 실력뿐 아니라 창의성과 감성이 중요하며, AI 기반 학습 도구와 디지털 학습 환경에 적응하는 것이 유리할 것이다.

AI 평가 분석 시스템은 학생들에게 개인 맞춤형 입시 전략을 제공할 수 있다. AI는 학생의 학습 패턴과 성향을 분석해 적합한 대학과 학과를 추천하며, 성공적인 입시 준비 방향을 제안한다. 또한 합격 가능성을 예측해 학생들이 자신에게 유리한 전략을 세울 수 있도록 환경을 조성한다. 따라서 학생들은 공교육 내에서의 학습과 비교과 활동을 충실히 수행하며, AI의 평가 방식에 적응할 수 있는 자기 주도 학습 능력을 길러야 한다. 예측형 AI 기반 입시는 점수 경쟁에서 벗어나 전인적 성장을 평가하는 방향으로 발전할 가능성이 크다. 학생들은 성실한 학습과 비교과 활동을 충실히 수행하고, 자기 주도 학습 능력을 키우며, 창의적 사고와 표현 능력을 강화하는 것이 중요하다.

참고문헌

이지영. 최후의 선택적 딜레마(dilemma)와 틀리레마(trilemma). 네이버 블로그, https://blog.naver.com/ceb4747/220983387091

Mucci, T.(2024). 예측 AI란 무엇인가요?. *IBM.* https://www.ibm.com/kr-ko/think/topics/predictive-ai

Open AI. https://openai.com/

Redbond, C.(2023.10.12). 생성 AI Vs 예측형 AI. *Blue Prism,* https://www.blueprism.com/ko/resources/blog/generative-ai-vs-predictive-ai/

04

예측형 AI 기반 학생부 전형의 미래

예측형 AI는 학생부 전형에서 평가의 공정성과 객관성을 높이며, 교사의 주관적 평가와 입학 사정관의 선택적 딜레마를 보완한다. AI는 학업 성취도, 비교과 활동, 성장 추이 등을 분석해 학생의 잠재력을 예측하고 변별력을 강화한다. 교내외 활동의 정량화와 사교육 영향 분석을 통해 평가의 형평성을 확보할 수 있다. AI와 입학 사정관이 협력해 공정하고 신뢰할 수 있는 입시 시스템을 구축하는 것이 미래 입시의 핵심 방향이 될 것이다.

AI와 사주?

학교생활 기록부의 근본적 문제

학교생활 기록부는 대한민국 초 · 중 · 고등학생의 학적을 기록하는 문서로, 특히 고등학교 학생부는 대학 입시에서 내신 성적과 출석, 비교과 활동(자율 활동, 동아리 활동, 진로 활동), 세부 능력 특기 사항, 행동 특성을 포함해 학생의 학업 성취도와 잠재력을 종합적으로 평가하는 중요한 자료로 활용된다. 과거 '내신' 평가에서 인성 평가가 추가되며 학생부로 변화했고, 2002년 교육 행정 정보 시스템인 '나이스(NEIS: national education information system)' 도입 이후 현재의 제도로 정착되었다. 학교생활 기록부는 I과 II로 나뉘고, 대학 입시에서는 세부 특기 사항이 포함된 II '학교생활 세부 사항 기록부'를 통해 내신 성적뿐만 아니라 학업 태도와 활동 경험을 평가한다.

학생부 기록은 담임 교사가 작성하며, 학생의 생활 전반을 평가하는 장점이 있지만, 교사의 개인적 성향이나 호불호, 가치관 등 주관적 판단이 개입될 위험이 있다. 실제로 공립 고등학교와 사립 고등학교의 기록량 차이가 발생하며, 일부 교사는 학생부를 통제 수단으로 활용하거나 특정 학생에 대해 편중되게 기록하는 문제도 있다. 이에 따라 교사와의 관계가 평가에 큰 영향을 미칠 수 있어 학생부 전형의 공정성 논란이 지속되고 있다.

학생부 종합 전형에서 교사의 주관적 판단이 개입되면 평가의 객관성이 떨어지고 공정성 논란이 발생할 수 있다. 학생의 외모, 말투, 태도 등 비본질적인 요소가 평가에 영향을 미칠 가능성이 있으며, 무엇보다 학업에 열중해야 할 학생들이 교사의 눈치를 보며 살얼음판 같은 학창 시절을 보내야 하는 문제도 제기된다. 학부모들이 담임 교사 배정에 민감하게 반응하는 이유다. 그러나 교사들도 학생부 작성에 많은 업무 부담과 큰 스트레스를 느끼고 있어, 이런 주관적 권력이 주어진 상황에 대해 교사들만을 탓할 수는 없다. 기록 오류 방지와 금지어, 분량 기준 준수를 위해 많은 시간을 들여야 하며, 학생 · 학부모 민원 부담도 존재한다. 한 통계에 따르면, 교사의 50% 이상이 학생부 작성에 주당 5~8시간을 소요하며, 주요 스트레스 요인으로 과다한 작성 시간(58%), 복잡한 작성 기준(15%), 학생 · 학부모 민원 부담(4%)으로 조사됨으로써 교사들이 학생부 작성에 얼마나 많은 압박을 받고 있는지 알 수 있다.

시험의 절대적 평가와 학생 역량 평가의 사각지대

학생부 전형은 학업 성취와 활동을 종합적으로 평가하

려는 취지지만, 여전히 대학 입시에서 내신 성적은 학생을 평가하는 절대적인 기준이다. 내신 성적은 중간·기말고사에서 "숨겨진 답을 정해진 시간 안에 실수 없이 찾아내는 능력"만을 평가하고 비교과 활동과 대외 수상 경력 등이 배제되어 학생의 장기적 학습 역량 평가에 사각지대가 발생 된다. 또한 내신 중심 평가 방식은 학생들을 단일 기준으로 서열화해 개별적 특성과 잠재력을 반영하지 못하고 고득점 학생만이 유리해짐으로써 다른 역량을 가진 학생들은 낙오자로 간주될 위험이 있다. 이로 인해 사교육 의존도가 높아지고, 선행 학습과 이른바 '킬러 문항'을 만들어 학생들을 서열화하고 있다.

창의성과 문제 해결 능력이 중요한 현대 사회에서 시험 성적 위주의 평가는 성적 이외의 창의적 사고와 도전 경험을 배제한다. 비교과 활동이 학생부 기록을 위한 형식적 요소로 전락해 실질적인 역량 평가의 한계를 드러내고 있다. 결과적으로 학습은 점수 획득을 위한 도구로 전락하면서 학습 본연의 목적이 퇴색하는 문제가 발생하고 있다.

예측형 AI와 나이스

현재 학생부는 학생의 성장과 잠재력을 충분히 반영하

지 못한다. 이에 빅 데이터 분석을 활용한 학생 미래 발전 역량 예측 시스템이 필요하다. 나이스(NEIS)에 예측형 AI를 적용하여 학업 성적, 학습 패턴, 비교과 활동 등을 정밀 분석해 학생의 성장 과정과 미래 발전 가능성을 예측할 수 있다. 단순 통계에 의한 추론 분석이 아닌 학습 과정, 과목별 성적 변화 추이, 출결 사항 등을 개인 성향이나 학교 환경에 기반하여 종합 분석하며, 교과와 비교과 활동의 상관관계를 고려해 학업 성취 패턴과 성장 추이를 보다 입체적으로 예측할 수 있다.

더 나아가 학생의 학업 성취 패턴을 파악해 학습 태도를 유추함으로써 점수 취득만을 위해 학업에 임했는지 등도 파악할 수 있기 때문에 학생이 대학에서 학문적으로 성공할 가능성을 객관적으로 예측할 수 있다. 이를 통해 입학 사정관의 주관성을 줄이고, 객관적이고 안정적인 데이터 기반 평가로 전환할 수 있다.

따라서 예측형 AI 기반의 나이스는 학생별 초·중·고교의 방대한 교육 데이터를 국가 차원에서 관리할 수 있으며, 빅 데이터 분석과 대규모 언어 모델 기술을 적용하여 학생의 성장 추이를 정밀 분석하고 미래 가능성을 보다 더 정확하게 예측해 준다.

생성형 AI, 예측형 AI, 그리고 교사

생성형 AI는 빅 데이터를 정리하고 새로운 데이터를 생성하며, 예측형 AI는 이를 분석해 미래 변화 추이를 예측하는 모델이다. 이 두 모델을 나이스와 연동하여 학생부 작성에 도입하면 학생의 과거 · 현재 · 미래를 정확히 분석할 수 있다. 현재 학생부는 초 · 중 · 고 12년간 12명의 교사가 매년 각기 다른 주관적 기준으로 기록한 정성 평가 자료이며, 이를 입학 사정관이 다시 한번 주관적으로 평가하는 방식은 공정성을 담보하기 어렵다. 그래서 AI는 교사마다의 특징적인 교육 철학, 윤리의식 등에 따른 문어법, 독특한 언어 표현 방식, 특정 단어 등이 반영된 이전의 평가 패턴을 각각 평균적인 판단 기준과 비교 조정함으로써 학생부 기록의 신뢰성을 높일 수 있다. 이를 통해 학생이 교사와의 관계에 영향받지 않고 객관적이고 공정한 평가 환경에서 자신의 역량을 정확히 평가받을 수 있게 된다.

생성형 AI와 예측형 AI는 데이터 분석 자료를 통해 교사의 학생부 작성 시간과 부담을 줄여 줌으로써 교사는 학생 개개인의 면밀한 평가에 집중할 수 있게 된다. 다만 AI는 교사의 보조 도구로 활용되며, 최종 판단과 기록은 교사가 맡아야 한다. AI는 공정성을 보완할 뿐, 인간의 감성과 판단을 대체할 수는 없기 때문이다.

또한 학생이 직접 자기 평가를 입력하도록 하고, AI가 이를 교사의 기록과 비교·분석하면 교사가 간과했거나 오판한 요소를 반영할 수 있어 신뢰성을 높일 수 있다. AI·교사·학생이 공동 평가하는 방식은 시험 성적 중심의 한계를 보완하고, 학생의 다양한 역량을 객관적으로 반영하는 장점이 있다. 이는 '입시만을 위한 학업', '평가만을 위한 평가'가 아닌 학생의 잠재력을 예측하는 새로운 입시 모델이다.

예측형 AI 기반 학생부 전형

학생부 전형은 교과 전형과 종합 전형으로 나뉜다. 교과 전형은 내신 성적을 평가하며, 종합 전형은 내신과 함께 진로 체험, 동아리, 봉사 등의 비교과 활동을 종합적으로 반영한다. 예측형 AI는 나이스 데이터를 기반으로 학업 성취 과정과 성장 추이를 분석해 학생의 미래 학업 성공 가능성을 예측한다. 이를 통해 시험 성적 중심 평가에서 벗어나 다양한 역량을 반영하는 미래형 입시로 전환할 수 있다.

학생부 교과 전형

학생부 교과 전형은 내신 성적을 정량적으로 평가하지만, 학교별 시험 난이도와 학생들의 학업 수준 차이로 입시 평가에서 전국 단위의 객관적 비교가 사실상 불가능하다. 같은 1등급이라도 학교마다 학업 성취도가 다를 수 있으며, 이는 영재고 · 과학고 · 자사고 학생들에게 유리한 구조를 만든다. 대학 입학 사정관은 이를 보정하려 하지만 명확한 기준이 없다. AI를 활용해 나이스 데이터를 분석하여 학생 개인별 문제 풀이 시간 · 정답률 등을 분석하고, 학교별 점수 분포를 분석해 난이도에 따른 내신 등급을 자동 조정하여 학교 간 편차를 줄일 수 있다.

또한 예측형 AI는 초등학교부터 축적된 학업 데이터를 분석해 미래 성취도를 예측하고, 사교육 영향을 추정해 학생의 실질적 학업 능력을 평가할 수 있다. 이를 통해 고등학교 간 학업 수준, 학생 수, 특성화, 지역 등의 교육 환경 차이를 보정하여 공정한 평가 기회를 제공함으로써, 고등학교 선택부터 대학 입시가 시작되는 이른바 '고교 입시' 문제를 해결하는 기반이 된다.

이에 따라 예측형 AI를 활용한 시험 출제 및 평가 시스템을 함께 도입할 필요가 있다. AI는 균형 잡힌 시험 문제를 생성해 학교 간 난이도 편차를 줄이고, 나이스와 연동해 문제 난이도와 점수 분포를 자동 분석함으로써 객관적 비교를 가능하게 한다. 결론적으로, 학생부 교과 전형의 신뢰성을 높이기 위해 AI 도입은 필수적이며, 이를 통해 정확한 학업 평가와 공정한 입학 기회를 제공할 수 있는 새로운 전형 체계를 마련할 수 있다.

학생부 종합 전형

대학 입시에서 비교과 활동은 학생의 다양한 역량과 잠재력을 평가하는 요소지만, 학교별 기회 차이로 인해 불공정성 문제가 제기된다. 비교과 활동에는 교내에서의 동아리 활동, 진로 탐색 활동, 자율 활동, 독서, 봉사 활동, 수상 실적 등이 포함되지만, 일반고들은 대체로 영재고 · 과학고 · 자사고에 비해 제공되는 프로젝트가 한정적이어서 격차가 크게 나타남으로써 사교육 의존도를 높이는 주요한 원인이 되고 있다.

AI를 활용해 비교과 활동을 정량화하고 내신 성적과의 상관관계를 분석하는 체계를 마련해야 한다. 나이스 데이터를 기반으로 활동 지속 기간, 적극성, 학업 연계성을 분석하여 객관적 지표로 변환함으로써, 단순한 '스펙 쌓기'식 나열이 아닌 학업 성장에 기여하는 요소로 평가해야 한다.

또한 모든 사교육 기관도 나이스와 연동해 체계적으로 관리해야 한다. AI가 학생의 교외 활동을 분석하여 논문 · 대회 · 수상 등이 스펙만을 위한 사교육의 결과인지 학생의 독창적 노력인지를 객관적으로 구분할 수 있는 제도적 장치가 필요하다. 이를 통해 비교과 활동이 실질적 성장 지표로 평가되도록 시스템의 개선이 뒷받침되어야 한다.

결론적으로, AI 도입은 입학 사정관의 주관적 오류와 선택적 딜레마를 줄이고, 교과 및 비교과 평가의 불균형을 해소하며, 학생들에게 평등한 기회를 제공하는 핵심 역할을 할 것이다. 이를 위해 나이스 데이터 관리 범위를 확대하고, AI를 활용한 교내외 활동 분석을 통해 교육의 공정성과 공평성을 강화해야 한다. 예측형 AI와 데이터 분석의 혁신은 단순한 평가 방식 개선을 넘어 교육의 본질을 재정립하고 학생의 성장을 지원하는 역할을 할 것이다.

예측형 AI와 입학 사정관제

입학 사정관제는 학생부를 기반으로 학업 성취도와 비학문적 역량을 평가하지만, 학생부의 제한된 정보와 주관적 판단이 공정성을 저해할 수 있다. 입학 사정관은 학생부에 기록된 정보를 바탕으로 학생의 역량을 평가해 입학 가능 여부를 판단하는 역할을 맡는다. 하지만 학생부는 영역별 300~400자 안팎의 제한된 분량으로 복잡한 작성 매뉴얼에 따라 축약되며, 이로 인해 학생의 성취가 축소되거나 간과될 가능성이 높고, 입학 사정관마다 기록을 다르게 해석해 평가 결과가 달라질 위험이 있다. 결국, 학생부에 기록된 정보는 그 자체로 불완전한 데이터다.

또한 평가 기준이 정량화되지 않아 과정이 불투명하며, 학생과 학부모가 결과 기준을 알기 어렵다. 이를 해결하기 위해 예측형 AI 도입이 필요하며, AI는 교사의 부당한 학생부 권력을 무력화하고 입학 사정관의 개인적 평가를 객관적이고 공정한 평가로 전환할 수 있다.

그동안 입학 사정관은 학생 개개인의 잠재력을 발견하는 중요한 역할을 해 왔지만, AI가 더 정밀하고 일관된 평가의 공정성을 강화할 수 있다면 입학 사정관은 필요한가? 입시 제도와 관련해 더 많은 논의가 필요한 부분이지만 결론부터 말하면, AI는 입학 사정관의 역할을 완전히 대체하기 어렵다. AI는 정량적 분석을 수행할 수 있으나, 학생의 성장 배경, 창의성, 도덕성과 같은 정성적 요소 평가에는 한계가 있어 입학 사정관의 통찰력이 필요하다. 또한 AI 도입에는 윤리적 문제와 데이터 편향의 위험이 따른다. 따라서 이와 관련한 핵심 논점은 입학 사정관의 필요 여부가 아니다. AI와 입학 사정관이 협력하여 보다 공정하고 효율적인 평가 시스템을 구축하는 상호 보완적 관계로 공존해야 한다.

참고문헌

이미선(2022.3.14). 중·고교 교사 "학생부 작성 스트레스 많다". ≪디트NEWS24≫, https://www.dtnews24.com/news/articleView.html?idxno=721043

학생부종합전형조사단(2019). 대학입시제도 공정성 강화 방안. 교육부.

Open AI. https://openai.com/

05
예측형 AI 기반 수능 혁신

수능은 일회성 시험으로 학생들에게 과도한 부담을 주며, 킬러 문항이 사교육 의존도를 높이고 교육 불평등을 심화하는 문제가 있다. AI를 활용한 문제 출제와 CBT 방식 도입을 통해 공정성과 효율성을 강화해야 한다. 예측형 AI는 수능과 내신 성적을 종합 분석해 학생의 학업 성장 가능성을 평가하고 변별력을 확보하게 해 준다. 수능은 본래 목적에 맞게 대학 수학 능력을 평가하는 도구로 역할을 제한하고, 변별은 각 대학의 자율로 전환해야 한다.

AI와 아이돌?

수능의 필요성

대학 수학 능력 시험은 한국 대학 입시에서 중요한 평가 방식으로, 모든 학생을 동일한 기준으로 평가할 수 있다는 점에서 학업 수행 능력을 판단하는 기준이 된다. 시험은 학업 성취를 객관적으로 평가하는 중요한 도구며, 일정 기준에 따라 모든 학생의 성과를 정량화함으로써 공정하다는 장점이 있다. 하지만 일회성이라는 한계는 매우 큰 단점이다. 단 한 번의 결과로 실력이 판정되고 학생의 진로가 결정된다는 점에서 불합리성도 함께 지적되고 있다. 또한 시험 문제 중 난이도가 매우 높은 '킬러 문항'은 수능 결과의 변별력을 높이는 데 기여하지만, 사교육 의존도를 높이고 교육 불평등을 심화시키는 원인이라는 지적이 끊임없이 제기되고 있다.

일론 머스크(Elon Musk)가 설립한 뉴럴링크(Neuralink)사는 최근 인간의 뇌에 반도체 칩을 이식하는 기술을 개발해 브레인 컴퓨팅(brain computing) 시대를 알렸다. 이 기술이 상용화되면 학생들이 실시간으로 지식과 정보를 머릿속에서 직접 검색할 수 있어 기존의 시험 방식은 무의미해진다. 이는 학습과 정보 접근 방식을 혁신적으로 변화시키며, AI를 활용한 새로운 시험 방식의 도입이 불가피한 시대가 다가오고 있음을 시사

한다.

4차 산업 혁명의 도래와 함께 AI 기술이 급속히 발전하면서 수능의 기존 시험 방식에 대한 근본적인 변화 필요성이 대두되고 있다. 이미 생성형 AI가 수능 성적 상위 10%를 차지하는 상황이 되면서 시험의 변별력과 효용성에 대한 의문이 커지고 있으며, 단순 문제 해결 능력 평가의 한계가 드러나고 있다. 또한 과도한 경쟁, 사교육 심화, 사회적 불평등이 교육의 본질을 훼손하며 학생 간 격차를 키우고 있다.

현행 수능 문제 출제

대학 수학 능력 시험은 말 그대로 대학에서의 학업 수행 능력 정도를 평가하는 국가시험으로, 고등학교 교육 과정의 학업 성취 정도를 측정해 대학 입학 가능성을 판단하는 중요한 도구다. 또한 학생들의 학업 성취를 객관적으로 평가하고 국가 차원의 교육 성과를 측정하는 역할도 한다.

현재 문제 출제 유형

수능 시험은 국어, 수학, 영어, 한국사, 사회탐구, 과학탐구, 직업탐구, 제2외국어/한문으로 구성되며, 학생들의 사고력, 문제 해결력, 응용력을 평가한다. 국어 영역은 문해력과 언어적 사고력을, 수학 영역은 한국교육과정평가원이 설정한 기준에 따라 논리적이고 수리적인 계산력과 문제 해결력을 측정하며, 영어 영역은 영어 지문을 중심으로 독해 및 듣기 능력을 평가한다. 한국사 영역은 필수 과목으로 역사적 흐름과 사고력을 확인한다. 사회탐구는 윤리, 지리, 역사, 일반사회에서 사회·역사적 사고력과 논리적 추론 능력을, 과학탐구는 물리, 화학, 생명과학, 지구과학에서 과학적 사고력과 문제 해결력을 평가한다. 특히 지구과학과 천문학 시험은 한국과 일본에서만 시행한다. 직업탐구 영역은 농생명, 공업, 상업정보, 수산·해운, 가사·실업 등에서 직업 기초 능력을, 제2외국어/한문 영역은 9개 언어(독일어, 프랑스어, 스페인어, 중국어, 일본어, 러시아어, 아랍어, 베트남어, 한문) 중 선택하여 언어 능력을 측정한다.

수능은 기본적으로 상대 평가를 적용하지만, 한국사, 영어, 제2외국어/한문은 절대 평가 방식이다. 시험은 사고력과 문제 해결력, 응용력을 평가하며, 표준화 시험의 특성상 누구나 풀 수 있는 쉬운 문항부터 극소수만 풀 수 있는 난이도 높은 킬러 문항까지 포함한다. 수능은 학생들의 학업 성취도를 객관적으로 측정하지만, 과도한 난이도 조정과 킬러 문항으로 인해 사교육 의존도가 증가하는 문제가 있다. 따라서 공교육의 신뢰성과 공평성을 강화하면서도 학업 역량을 공정하게 평가할 수 있도록 지속적인 개선이 필요하다.

문제 출제 방식

수능 문제 출제는 '한국교육과정평가원'이 담당하며, 약 500명의 문제 출제 경험이 있는 대학교수와 고교 교사로 구성된 출제 위원단이 한 달여간 합숙하며 문제를 출제한다. 시험 문제의 유출을 방지하기 위해 출제 위원들은 수능 시험이 끝날 때까지 외부와의 모든 접촉이 차단되며, 가족과의 통화도 경찰관 입회하에 제한적으로 허용된다. 또한 시중 교재와 동일한 문제 출제를 방지하기 위해 수천 권의 관련 입시 서적과 문제집 등을 검토하며, 출제 위원들이 사용한 모든 쓰레기까지도 보안상 철저히 관리된다. 이처럼 수능은 국가적 중요성을 지닌 시험으로 철저한 보안 속에서 출제된다. 단지 대학 입학만을 위한 기초 학력 평가 시험이 이렇게 복잡하고 비밀스러운 국가 고시로 진행된다는 점에서 우리나라의 대학 진학에 대한 의미를 확인할 수 있다.

문제 출제 단계는 먼저, 한국교육과정평가원이 각 과

목별 출제 위원회를 구성하면서 시작된다. 문제는 고등학교 교과서 내용을 바탕으로 출제되며, 학생들이 충분히 학습하면 해결할 수 있도록 설계된다. 이후, 출제된 문제는 여러 차례 검토 및 수정 과정을 거쳐 적절한 난이도와 변별력을 조정하고, 오류 여부를 확인한 뒤 최종적으로 선정된다.

수능 문제의 문제점

수능 시험은 엄격한 절차로 진행되지만, 그럼에도 매년 문제점이 제기된다. 시험은 고등학교 교육 과정을 기반으로 출제되지만, 일부 문제는 실제로 고차원적 사고력을 요구하거나 지나치게 난해해 학생들이 교과서와 학교 수업만으로는 해결하기 어렵게 출제되는 경우가 있다. 이로 인해 학생들은 학교 교육만으로는 수능에서 고득점을 받기 어렵다고 인식해 사교육에 의존하게 되고, 사교육 시장의 영향력은 더욱 커지는 악순환이 반복된다. 또한 수능은 전국 단위 시험으로 변별력을 유지해야 하지만, 문제 유형이 예측 가능해지면서 학생들이 사교육 자료에 의존하는 경향이 점점 강해진다. 이에 따라 상위권 변별을 위한 킬러 문항을 출제해야 하는 구조적 문제가 발생되고 있다.

킬러 문항은 수능에서 초고난도 문제를 의미하며 성적 변별을 위한 장치로 사용된다. 교육부는 이 킬러 문항을 "공교육 과정에서 다루지 않는 내용으로, 사교육에서 문제 풀이 기술을 익히고 반복적으로 훈련한 학생들에게 유리한 문항"으로 규정하고 2023년 수능 킬러 문항 배제를 발표했지만, 변별력을 이유로 전반적인 문제 난이도가 더 높게 출제되었다. 주로 상대 평가 과목에서 출제되며, 기존 교과서 학습 범위 내에서 해결하기 어려운 복잡한 논리적 사고와 문제 해결 능력을 요구한다. 특히 국어, 수학, 과학 과목에서는 사교육과 선행 학습이 필수적으로 작용하게 만든다. 이런 초고난이도 문제들은 변별력 강화를 위한 목적이라고는 하지만, 학생들에게 과도한 부담만 주고 평가의 본질을 왜곡한다는 비판이 제기되고 있다.

수능의 또 다른 문제는 '숨겨 놓은 답 빨리 찾기'식 시험 방식이다. 이는 문제 해결 과정보다 정답을 빠르게 찾는 기술을 중시하며, 학생들이 논리적 사고보다 패턴 학습과 암기에 집중하게 만든다. 예를 들어, 국어 과목에서는 지문의 내용보다 정답의 단서를 찾는 데 집중한다. 이로 인해 학생들은 시험의 효율성을 강조하며, 문제 풀이 시간을 줄이는 전략에 몰두하게 된다. 이러한 시험 방식은 학생들에게 시험 준비의 효율성만을 더 강조하게 만든다. 학생들은 제한된 시간 안에 문제를 해결하기 위한 전략을 세우고, 이를 바탕으로 최소한의 시간에 최대의 성과를 얻으려는 경향이 강해진다. 따라서 수능은 단순한 정답 도출이 아니라 문제 풀이 과정과 논리적 사고를 평가하는 방식으로 개선될 필요가 있다.

AI를 이용한 문제 출제

수능이 공정하고 실질적인 평가 도구로 거듭나기 위해서는 AI 기술을 활용한 혁신을 고려해야 한다. AI는 빅데이터와 심층 강화 학습(deep reinforcement learning: deep RL)을 통해 문제 출제 과정의 효율성을 높이고, 난이도를 균형 있게 조정하며 킬러 문항 배제 및 오류 수정도 가능하게 한다. 이를 통해 학생 개인의 학습 능력에 맞춘 적응형 문제 출제가 가능하며, 창의력과 문제 해결 능력을 평가하는 방식으로 개선될 수 있다. 또한 AI는 지난 20년간의 수능 기출문제 데이터와 나이스의 학교별 시험 기출문제 데이터를 분석해 난이도를 균형 있게 조정할 수 있다. 객관식과 주관식을 함께 적용해 정답뿐만 아니라 문제 풀이 과정을 분석함으로써 실질적 학습 능력을 평가할 수 있다.

AI를 활용한 문제 출제에서는 킬러 문항을 배제하기보다 오히려 적절히 활용해 학생들의 사교육 의존도를 파악해 볼 수 있다. AI는 문항별 풀이 과정과 정답률을 측정함으로써 킬러 문항의 분석 결과를 통해 공교육과 사교육의 학습 효과 차이를 구분해, 궁극적으로는 공교육 중심의 학습을 강화할 수 있다. 또한 수능의 단점을 보완하기 위해 종이 시험(paper-based test: PBT)에서 전자 시험(computer-based test: CBT)으로 전환이 필요하다. CBT는 문제별 풀이 과정이나 시간을 기록해 학생의 학습 패턴을 정밀하게 분석하고 평가에 반영할 수 있다. 2025년 AI 디지털 교과서 도입과 함께 CBT에 필요한 인프라가 갖춰진 만큼, 시험의 효율성과 평가의 정교함을 높이는 방향으로 적용할 수 있다.

수능 시험은 4차 산업 혁명과 AI 시대에 맞춰 변화가 필요하다. AI 활용 문제 출제, CBT 도입, 예측형 AI 평가를 통해 시험의 공정성과 효율성을 강화하고, 학생들의 창의력과 문제 해결 능력을 정확히 평가할 수 있는 새로운 시스템이 요구된다. 이를 통해 단순 정답 맞히기에서 벗어나 사고력과 응용력을 중심으로 평가하며, 지속적이고 유연한 평가 모델을 도입해 학생들의 심리적 부담을 줄이고 학업의 효율성을 높일 수 있다.

예측형 AI를 이용한 수능과 종합 평가

수능은 일회성 평가로 시험 당일의 컨디션이나 외부 상황에 따라 성적이 크게 좌우될 수 있는 단점이 있다. 이에 많은 대학이 내신 성적 등의 다른 평가 데이터를 함께 평가해 학생을 선발한다. 하지만 내신은 수능과 달리 학교별 평가 기준이 달라 동일한 성적이라도 학교에 따라 등급의 의미가 다르다. 그래서 전국 단위의 평준화된 수능 점수와 학교 단위의 주관화된 내신 성적을 단순 합산하여 순위별로 평가하는 방식은 일부 학생들에게 불리하게 작용할 수 있다. 이를 해결하기 위해 두 평가 방식을 정밀하게 분석하고 보완할 수 있는 예측형 AI 도입이 매우 필요하다.

예측형 AI의 종합적 예측

예측형 AI는 나이스 데이터를 활용해 학생의 학업 성취도를 종합적으로 분석하고 미래 성과를 예측하는 객관적 도구로 기능한다. 각종 모의고사와 내신 성적 데이터를 수능 결과와 비교 · 분석해 입체적이고 정밀한 분석 지표를 제공하며, 학생의 성적 변화를 추적해 발전 가능성을 종합적으로 예측할 수 있다. 수능 성적은 학생이 시험에서 취득한 영역별 표준 점수(또는 원 점수)와 백분위를 포함하며, 상대적 등급으로 나타낸다. AI는 수능 취득 성적을 바탕으로 학생의 학업 능력을 평가하고, 이를 내신 성적과 비교해 종합적 성취도를 도출한다. 이 과정에서 학생의 내신, 모의고사, 수능으로 이어지는 성적 변동 추이를 분석해 상승·정체·하락 여부를 판단하는 모델을 구축할 수 있다. 이를 통해 학생의 수능 점수를 사전에 예측할 수 있고, 실제 성적과 비교해 신뢰도를 평가하며, 대학 입학 후 발전 가능성을 정밀하게 예측할 수 있다.

예측 결과 활용 방안과 타당성

AI의 성적 예측 데이터는 대학 입학 사정의 핵심 평가 자료로 활용될 수 있다. AI는 수만 명의 방대한 학생 데이터를 분석해 개별 학습 패턴과 성적 변화를 비교하고, 수능 및 내신 성적을 기반으로 미래 성과를 예측한다. 특히 CBT 수능을 통해 문제 풀이 과정까지 정밀 채점하여 시험의 공정성과 결과의 신뢰성, 그리고 실질적인 변별력도 보장할 수 있다. 이를 통해 대학은 AI 기반 데이터를 활용해 학생부와 성적을 종합 분석하고, 객관적인 미래 성취 가능성을 판단할 수 있다. AI 도입은 시험을 혁신적으로 개선하며, 학생들이 단순 성적 경쟁을 넘어 창의적이고 주도적인 학습 환경에서 잠재력을 발휘할 기회를 제공하게 된다.

대학 수학 능력 시험은 본래 학생의 대학 수학 능력을 평가하기 위해 고안된 제도지만, 현재는 점수 결과로 줄 세워 당락을 결정하는 도구로 변질되었다. 이러한 방식은 과도한 경쟁과 공교육의 신뢰 하락을 초래하며, 수능의 본래 취지에서 벗어나 있다. 따라서 예측형 AI 기반 성적 예측 모델을 활용해 수능 시험의 본래 의미를 다시 찾고, 수능 기준 점수를 통과(pass) 또는 실패(fail)로 평가하는 방식이 바람직하다. 즉, 일정 이상의 수학 능력 '여부'만을 판단하는 도구로써의 역할로 제한되어야 한다. 수학 능력의 '정도' 차이는 각 대학에서 종합적으로 판단할 문제다. 수능 시험이 미리 이를 정량화하려는 것은 어찌 보면 대학과 학문에 대한 월권행위일 수 있다.

또한 수능 점수만으로 학생을 평가하는 고정관념에서 벗어나야 한다. 면접, 실기, 심층 평가 등을 통해 변별력을 보완하는 방식이 더 합리적이며, 대학은 학업 능력뿐만 아니라 학생의 다양한 잠재력과 역량을 고려해야 한다. 단순한 점수 경쟁은 개인의 다양성을 평가하는 데 한계가 있으며, 학문적 발전에도 도움이 되지 않는다. 이제는 AI가 사회 전반에서 보편화되고 인간과 공존해야 하는 시대에, 근대적 교육 가치관에 따른 대학 입시 방식은 하루빨리 지양되어야 한다.

참고문헌

노도현(2024.12.8). '뇌에 칩 이식' 뇌-컴퓨터 연결기기 "5년 내 상용화". ≪경향신문≫.

대치스카이에듀(2020.2.3). 대학수학능력시험 문제 출제과정은 어떻게 될까?. 네이버 블로그, https://blog.naver.com/top_made/221794902062

Open AI. https://openai.com/

06
예측형 AI 기반 면접 전형 혁신

대학 면접은 주관적 판단과 긴장으로 평가의 공정성이 저해될 수 있다. 예측형 AI는 표정, 목소리, 행동을 분석해 지원자의 심리와 사회성을 객관적으로 평가하며, 학생부 데이터와 비교해 학업 지속 가능성을 예측한다. 공정성과 효율성을 높이지만, 윤리적 문제와 인간적 요소 부족을 보완하기 위해 AI와 면접관의 협력 모델이 필요하다.

AI와 야구?

면접 전형의 유형

대학 입시 면접 전형은 지원자의 학업 열정, 전공 적합성, 발전 가능성을 판단하는 과정으로, 학생의 태도, 표현 방식, 논리적 사고 등을 평가하며 최종 합격 여부를 결정짓는 핵심 요소다. 면접에서 가장 중요한 판단 요인은 학생의 학업에 대한 열정과 전공 선택의 타당성, 그리고 발전 가능성이다. 최근 면접의 비중이 점차 커지면서 최종 합격 여부를 결정짓는 중요한 전형으로 작용하고 있다. 면접은 사전 서류 평가의 결과를 뒤집을 수도 있는 좋은 기회다. 또한 딥페이크(deepfake)와 생성형 AI 기술 발전으로 서류의 신뢰성 문제가 부각되면서 대면 면접의 중요성이 더욱 강조되고 있다. 현재 대학 입시 평가에서 AI의 영향력은 적지만, 일부 대학이 AI 기반 전형을 도입 준비 중이어서 향후 확산할 가능성이 크다.

하지만 학령 인구 감소와 서울권 대학 집중으로 중하위권 대학과 지방대는 생존이 주요 과제가 되면서, 일부 하위권 대학이나 지방대, 전문대들은 면접을 우수 학생 선발보다는 최종 등록률 상승을 위해 캠퍼스 방문을 유도하려는 마케팅 전략 차원으로 활용되는 경향이 증가하고 있다. 실제로 학교 캠퍼스 방문율이 높을수록 등록률이 높아진다는 통계 조사도 있다.

대학 입시 면접 전형의 주요 유형

면접의 내용적 형식은 서류 기반, 제시문 기반, 일반 면접으로 구분할 수 있다. 서류 기반 면접은 학생부, 자기소개서, 추천서, 작품 포트폴리오 등을 바탕으로 진행되며, 제시문 기반 면접은 논술형 질문에 대한 기술 또는 구술 답변을 통해 사고력과 창의성을 평가한다. 일반 면접은 별도 자료 없이 지원자의 인성과 전공 적합성을 확인하며, 면접관이 태도와 표현을 관찰해 인성과 학업 의지를 평가한다. 이런 기본 형식을 기반으로 전형 유형은 크게 일반 면접, 심층 면접, 발표형 면접, 집단 면접 등으로 나뉘며, 각 대학의 특성에 따라 면접 방식과 평가 기준이 달라진다.

일반 면접

일반 면접은 지원자의 학업 성취도, 학습 동기와 진로 계획, 의사소통 능력 등을 평가하는 기본적인 방식으로, 2~3명의 면접관이 자기소개서나 학생부를 바탕으로 지원자의 대답을 통해 인성, 성격, 태도 등도 함께 평가한다. 절차가 간단하고 준비 과정이 짧아 지원자의 성실성, 의사소통 능력, 진로 계획 등 종합적인 기본 역량을 파악하는 데 유리하지만, 면접관의 주관적 판단이 개입할 가능성이 크고, 앞선 피면접자의 평가 결과가 후속 면접자의 결과에 영향을 미칠 수도 있다. 비교적 5분 내외의 짧은 면접 시간으로 인해 지원자의 심층적인 역량을 충분히 평가하기 어려운 한계가 있다.

심층 면접

심층 면접은 지원자의 전공 적성과 학문적 능력을 깊이 평가하는 방식으로, 주로 상위권 대학의 과학 기술, 의학, 법학 등 전문 분야에서 실시한다. 1~2명의 면접관이 학생의 학문적 사고력과 문제 해결 능력을 평가하며, 사전 서면 질문지를 통해 답안 내용을 작성하고 이를 바탕으로 구술 면접을 진행하는 방식이다. 심층 면접은 지원자의 논리적 사고력과 학문적 잠재력을 파악할 수 있지만, 깊이 있는 전공 지식을 요구해 학생들에게 부담이 될 수 있으며, 사교육 의존도를 높이는 원인이 되기도 한다. 또한 면접관의 주관적 해석이 평가 결과에 큰 영향을 미칠 수 있다.

발표형 면접

발표형 면접은 지원자가 주어진 주제에 대해 발표하고, 면접관이 이에 대한 질문을 하며 논리적 사고력, 전달력,

창의성을 평가하는 방식이다. 학생은 사전 제시된 주제에 따라 발표 자료를 제작하고 발표장에서 주어진 시간 내에 논리적으로 설득력 있게 발표를 진행한다. 이후 면접관의 질문을 통해 주제 해석 능력과 창의적 문제 해결 능력을 평가받는다. 발표 능력과 의사소통 능력을 직접 측정할 수 있지만, 준비 부담이 크고 긴장으로 인해 실력을 제대로 발휘하지 못할 위험이 있다. 또한 면접관의 주관적 평가나 앞선 발표자의 영향을 받을 가능성이 있어, 주로 상위권 대학의 일부 전문 분야에서만 시행한다.

집단 면접

집단 면접은 5~6명의 지원자가 3~4명의 면접관과 함께 진행하는 방식으로, 동일한 질문에 대한 답변을 통해 창의성, 의사소통 능력, 순발력, 태도, 표정, 행동 등을 종합적으로 평가한다. 주로 서비스 직종 관련 실용 학문 분야에서 시행되며, 지원자의 사회적 역량과 대인 관계 능력을 측정하는 데 효과적이다. 다만 일부 지원자가 주도권을 장악해 다른 지원자의 답변을 약화시키거나, 면접 당일 소속 집단 배정에 따라 평가 결과가 달라질 수 있다는 불합리성으로 인해 복불복 문제도 제기된다.

면접 전형의 장단점

면접 전형은 수능 성적이나 내신 성적만으로는 평가할 수 없는 학생의 인성, 열정, 학업 이외의 경험과 잠재력을 평가할 수 있으며, 학생 개개인의 특성을 직접적으로 평가할 수 있기 때문에 성적 중심 평가의 한계를 보완할 수 있다. 그리고 학생의 미래 성장 가능성을 평가하는 데 매우 유용한 방식이다.

그러나 면접 전형은 학생들에게 짧은 시간 동안 큰 긴장감을 주는 과정이다. 일부 학생들은 생애 처음 맞는 짧은 면접 과정에서 불안감이나 극도의 긴장감으로 인해 역량을 제대로 표현하지 못하는 경우가 많고, 면접관의 주관적 판단이 평가 결과에 영향을 미칠 위험이 크다. 또한 짧은 시간으로 인해 지원자의 심층적 역량을 충분히 평가하기 어렵다는 단점도 있다. 이를 해결하기 위해 예측형 AI를 도입해 면접관의 주관적 오류를 최소화하고 공정한 평가 시스템을 구축할 필요가 있다.

예측형 AI를 통한 학생 역량 평가

대학 입시에서 면접 전형은 학업 성취도뿐만 아니라 비학문적 역량도 함께 평가하는 중요한 과정이다. 그러나 면접관의 주관적 판단과 대면 부담으로 인해 공정성이 저해될 수 있다. 이에 따라 AI를 활용한 객관적 평가 시스템을 도입하려는 움직임이 조심스럽게 나타나고 있다. AI 면접 도입을 위해 실시간 영상 인식 시스템을 예측형 AI와 프로파일링(profiling) 알고리즘을 연동해 면접자의 표정과 태도를 분석하고, 나이스(NEIS: national education information system) 데이터를 통해 학생의 평소 모습과 평가 내용을 바탕으로 학생 심리를 분석해 입학 이후의 정서적 안정성과 사회적 협력 능력을 예측 판단함으로써 보다 체계적인 평가가 가능하도록 해야 한다.

예측형 AI를 활용한 면접 전형 시스템

AI는 면접 과정에서 학생의 표정 변화, 목소리 톤과 억양, 눈동자 움직임, 신체 언어 등을 분석해 긴장도, 자신감, 정서적 안정 상태 등을 객관적으로 판단할 수 있다. 이를 통해 면접관이 언어적 답변뿐만 아니라 비언어적 신호까지 종합적으로 고려해 학생의 태도와 역량을 보다 정밀하게 평가할 수 있다. 면접은 학생의 실질적 역량을 평가하기도 하지만, 대학 입학 후 학생의 사회성이나 학업 의지 등을 판단하는 기회이기도 하다. 학생의 사회성 및 학업 태도는 학과 분위기에 영향을 미치므로 면접에서 정서 상태를 평가하는 것이 중요하다.

예측형 AI는 면접 중 영상 인식 시스템과 연동되어 지원자의 행동 패턴이나 표정 등 비언어적 요소를 실시간 분석하며, 긴장감, 자신감, 불안감 등을 종합적으로 분석해 학생의 성격 특성과 행동 심리 상태를 면접관에게 보다 객관적이고 정밀하게 제공할 수 있다.

AI 안면 인식 기술을 활용하면 학생의 얼굴 근육 움직임을 감지해 감정 상태를 추론할 수 있다. 이런 표정 변화 분석은 학생이 심리적으로 안정적인지, 불안을 느끼고 있는지, 거짓을 이야기하는지 등을 판단할 수도 있다.

목소리 인식은 면접 중 학생의 목소리 톤, 속도, 억양 등을 분석해 심리적 안정성을 분석할 수 있다. 예를 들면, 높은 톤이나 빠른 말 속도는 긴장감을, 부드럽고 안정적인 톤은 자신감을 나타낼 수 있으며, 답변을 주저하거나 중단하는 경우 불안감의 신호로 해석될 수 있다. 또한 특정 답변에 대한 목소리 변화로 감정을 감지하고 심리 상태를 판단할 수 있다. 예측형 AI는 영상 인식과 음성 분석을 결합하여 표정과 목소리를 비교 분석해 긴장감, 자신감, 진실성을 평가하며, 이를 통해 지원자의 면접 태도와 심리적 상태를 이해할 수 있다. 또한 지원자가 사용하는 언어 패턴과 문장을 분석해 답변의 신뢰도와 논리성도 판단할 수 있다.

행동 심리 분석 기술은 면접 중 지원자의 몸짓, 시선, 손동작 등 특정 행동을 통해 성향과 성격 패턴을 파악한다. 이는 면접 위원이 놓칠 수 있거나 판단하기 어려운 부분을 보완해 주며, 단순한 답변뿐만 아니라 지원자의 내적 역량과 가능성을 다각도로 평가하는 데 활용될 수 있다.

신체 언어 분석은 면접 중 학생의 몸동작과 자세 변화를 통해 행동 특성을 파악하는 방식이다. 예측형 AI는 손짓, 자세, 팔짱 끼기, 다리 떨기 등의 행동을 분석해 긴장감, 자신감, 편안함 여부를 분석해 학생의 심리 상태를 판단하고 입학 후의 변화를 예측할 수 있다.

또한 예측형 AI는 지원자의 나이스 데이터와 연계해 더욱 정교한 평가를 가능하게 한다. 고등학교 담임 교사의 평가 내용과 비교해 학생의 학업 및 학교생활 적응 가능성을 예측할 수 있다. 이를 통해 서류 평가에서 드러나지 않은 부분이나 면접관이 놓칠 수 있는 인성과 행동 특성, 왜곡된 정보, 비언어적 신호와 언어 패턴의 불일치를 감지할 수 있다. 예측형 AI 도입은 기존 면접의 주관성을 보완하고, 대학 입시의 공정성과 효율성을 강화하는 혁신적인 방법이 될 것이다. 따라서 예측형 AI의 면접 전형은 면접관의 주관적인 판단에만 의존하던 기존 평가 방식을 보완하며 지원자의 다양한 역량과 잠재력을 다각도로 평가할 수 있는 기회를 제공한다.

예측형 AI 도입의 한계점

그러나 이러한 기술 도입에는 몇 가지 한계가 존재한다. 첫째, AI의 초기 데이터 학습이 충분하지 않으면 분석 결과가 부정확할 수 있어, 초기에는 면접관이 AI 데이터를 참고하며 정확성을 검증하는 단계적 도입이 필요하다. 둘째, 지원자의 사생활 보호와 윤리적 문제 해결을 위한 법적 제도 마련이 선행되어야 한다. 셋째, AI의 역할이 확대되면 면접관의 역할이 축소될 우려가 있으며, 평가에서 인간적 요소를 잃게 만들 수 있다. 이를 보완하기 위해 AI는 객관적 데이터를 제공하고, 최종 평가는 면접관이 내리는 협력 모델 구성이 필요하다. AI가 제공하는 분석 결과를 보조 자료로 활용하되, 최종 결정은 면접관이 주도하도록 하여 대면 면접에서의 인간적 요소를 유지하는 것이 바람직한 도입 방법이다.

참고문헌

안혜숙(2022.8.15). 대학 입시에서 면접이란?. 브런치스토리,

https://brunch.co.kr/@350b58b08da7404/47
Open AI. https://openai.com/

07
예측형 AI 기반 실기 전형 혁신

예측형 AI는 예체능 · 논술 실기 평가의 주관성 문제를 해결하고, 논리 · 창의성 · 완성도를 객관적으로 분석하며, 학생부 데이터와 연계해 미래의 발전 가능성을 예측한다. AI 기반 평가로 공정성과 일관성을 확보하며, 단순 점수 경쟁이 아닌 학생 잠재력 중심의 입시 혁신을 가능하게 한다.

AI와 윤동주?

실기시험의 한계점

대입 실기 전형은 예체능 계열 학과에서 예술적 재능과 전공 실기 역량을 평가하는 방식으로, 미술, 음악, 연기, 무용, 체육 분야에서 중요한 선발 기준이 된다. 실기시험은 그림, 연주, 춤, 연기, 운동 등의 기량을 평가하며, 일부 전형에서는 글쓰기 시험도 포함한다. 예체능에서 실기시험은 수능이나 학생부보다 더 중요한 평가 지표로 취급되며, 일부 대학은 실기 성적 100%로 선발한다. 학생들은 실기 준비에 많은 시간과 비용을 투자하지만, 실기 특성상 객관적 지표를 만들기 어려워 평가의 정량화가 극단적으로 적용되며, 이로 인해 평가 부정 논란도 자주 제기된다.

예체능 계열 실기 전형

예체능 실기시험은 일반적으로 시험 당일 제시된 주제를 제한된 시간 내에 표현하는 방식으로, 미술 · 디자인은 보통 4시간 이내에 주어진 주제를 표현하고, 음악 · 무용 · 연기는 2~3분 동안 지정 주제와 자유 주제를 연주하거나 동작으로 표현해야 한다. 체육은 기초 체력 평가가 중심이다. 수년간 준비한 실력을 짧은 시간 동안 평가받아야 하는 고위험 시험이며, 주관적 요소가 개입되어 학생의 실제 실력과 잠재력을 충분히 반영하지 못하는 한계가 있다.

그동안의 입시 역사에서 실기시험 방식은 큰 변화 없이 유지되어 왔으며, 평가자의 전문성, 성향, 주관적 관점에 따라 점수가 크게 달라지지만, 모든 평가자가 전문성을 충분히 갖추고 있는 것도 아니다. 또한 입시 전문 학원에 의존해야 하므로 경제적 여유가 있는 학생들에게 절대적으로 유리하며, 실기 내용이 학원에 의해 획일화되는 부작용도 발생한다. 이를 해결하기 위해 예측형 AI 기반 실기 평가 시스템이 필요하며, AI와 심층 학습 알고리즘을 활용해 학생들의 재능과 잠재력을 보다 정확하게 분석하고 평가할 수 있어야 한다.

논술/기술 전형

논술 전형은 학생의 사고력, 논리력, 표현력을 평가하며, 프랑스 대학 입시인 '바칼로레아(baccalauréat, bac)'를 벤치마킹한 제도다. 글의 일관성과 논리적 전개, 근거의 명확성을 중점적으로 평가하며, 주장하는 내용의 전달 능력이 핵심이다. 일부에서는 우리나라 대학 입시 '3불 정책(본고사, 기여 입학제, 고교 등급제 전면 금지)'에 의해 금지된 본고사의 부활이라는 지적도 있지만, 학생부나 수능에서 드러나지 않는 비판적 사고력과 창의성, 논리성을 평가할 수 있는 유용한 입시 제도다.

논술 전형은 인문 사회 계열과 자연 계열로 나뉘며, 인문 사회 계열은 독해력, 논증력, 창의력, 표현력을, 자연 계열은 수리 논술로 문제 해결 능력을 평가한다. 그러나 '글'이라는 논술의 본질적 특성상 객관적 평가 기준을 세우기 어려우며, 채점자의 전문성과 주관에 따라 점수가 크게 좌우된다. 또한 제한된 시간 내 논리적 사고와 문제 해결을 요구하여 학생들이 압박감을 느끼거나 집중력을 잃게 되어 실력을 충분히 발휘하기 어려울 수 있다. 논술은 사고력 평가 도구로 유용하지만, 전문적 훈련이 필요해 사교육 의존도 역시 높다. 이를 해결하기 위해 논술 평가 방식을 개선하고, 인문학과 자연과학을 융합한 문제 개발 및 AI 기반 디지털 논술 평가 시스템 도입이 필요하다.

예측형 AI와 실기 전형 도입

실기 전형은 예체능 계열의 미술, 음악, 영화, 연기, 무용, 체육 분야와 일반 계열의 논술 전형이 있다. 세부 전공에 따라 전형 방식이 다르지만, 시험 유형으로는 텍스트 기반의 기술 시험과 예술적 표현 기반의 실기시험 두

가지로 구분할 수 있다.

예측형 AI와 텍스트 기반 기술 전형

기술 전형은 논술, 스토리 창작, 감상 평론 등으로 구분되는 텍스트 기반 기술 시험이다. 논술은 1000자 내외의 장문형과 40자 이내의 약술형이 있으며, 장문형은 논리성과 추상적 사고, 약술형은 정량 평가에 중점을 둔다. 자연 계열의 수리/과학 논술은 풀이 과정의 정확성과 창의성을 평가, 인문 계열의 문예창작 분야는 단편 소설, 수필, 시 등의 표현력과 구성력을 평가하며, 예능 계열의 스토리텔링 분야에서 서사 구조와 장면 구성 능력을 평가한다. 그러나 기술 기반 시험은 평가자의 절대적 주관이 개입되어 객관성을 확보하기 어렵다. 이를 보완하기 위해 약술형 논술이 도입되었지만, 근본적인 해결책은 여전히 필요하다.

자연어 기반의 생성형 AI는 논술형 시험 평가에 적합하며, 대형 언어 모델(large language models: LLM)을 활용해 논리 전개, 문장 구조, 표현력 등을 분석해 객관적 평가를 제공할 수 있다. AI는 지속적인 시험 데이터 학습을 통해 평가 기준을 최신화하고, 논리적 오류, 주제 연관성, 스토리 개연성을 자동 감지하며, 우수 답안의 패턴과 상호 비교 분석해 평가자의 주관적 편향을 최소화한다. 전자 시험(computer-based test: CBT) 방식을 적용하면 작성 시간, 수정 기록 등 답안 작성 과정을 분석해 정밀한 평가가 가능해지며, 표절 검출도 가능해 논술, 스토리텔링, 감상 평론 등의 창의성과 독창성을 객관적 지표로 평가할 수 있다.

예측형 AI 기반 자동 채점 시스템은 논술 평가의 혁신을 가져올 것이며, 기존 평가 시 수백 장의 답안을 장시간 일일이 읽고 채점하던 방식에서, AI의 빠르고 정확한 평가로 시간과 공정성 문제를 개선할 수 있다. 또한 AI는 학생부 데이터와 논술 답안을 종합 분석하여 논리력과 창작력 발전 추이를 분석 예측하여 사교육 의존 정도를 추론해 향후 발전 가능 정도를 최대한 객관적으로 예측할 수 있다.

예측형 AI와 그림 기반 실기 전형

그림 기반 실기 전형은 미술 · 디자인 분야에서 학생의 예술적 재능과 표현 능력을 평가하는 입시 방식이다. 순수 미술, 디자인, 웹툰, 애니메이션, 게임, 영상 등의 전공에서 시행하며, 기본적인 창의성, 예술적 감성뿐만 아니라 그림 실력, 표현 능력, 창의적 구성력, 완성도를 중점적으로 평가한다. 실기시험 유형은 지원 전공에 따라 순수 미술(회화, 조소), 디자인 · 공예, 만화 · 게임, 영상 · 애니메이션 등으로 나뉘며, 대학과 전공별 특성에 맞춰 기초 드로잉, 조형 능력, 기초 디자인, 칸 만화, 일러스트, 상황 표현, 스토리보드 제작 등 다양한 세부 종목으로 진행된다.

그러나 시험이 3~4시간 이내에 정해진 양식(스타일)대로 완성하는 방식이므로 결과물이 획일화되어 있으며, 입시 학원에서는 포맷에 맞춘 자체적인 기술 교육을 진행하기 때문에 어느 학원 출신인지 바로 알아볼 수 있을 정도로 패턴화되어 있다. 대학은 평가 방식을 다양화하려 하지만 마땅한 대안을 찾지 못하고 있으며, 평가자는 수백 장의 유사한 그림을 단 몇 초 만에 채점하기 때문에 눈에 띄는 작품에 높은 점수를 주는 경향이 있다. 이로 인해 평가의 주관성, 일관성 부족, 일회성 평가의 한계로 실질적 재능과 역량을 정확히 반영하기 어렵다.

예측형 AI는 실기시험의 주관성과 편향성을 줄이는 혁신적인 도구다. 생성형 AI는 이미지 인식과 조형 원리를 이해하며 예술 작품을 창작할 정도로 발전했다. 따라서 AI는 학생 작품의 비례, 구도, 색상 조화 등 조형 요소를 일정한 알고리즘에 따라 객관적으로 분석하고, 주제 표현과 의미 전달력을 분석해 일관된 기준으로 평가한다. 기존 평가 방식은 주관적 편차가 크고 객관성이 낮았지만, AI는 수천 개의 데이터를 학습해 동일한 기준을 적용하며, 학생의 평소 실력과 발전 가능성을 분석해 종합적인 예술적 재능을 평가할 수 있다.

예측형 AI의 미술 실기 평가 도입 방법은 우선, 대학이 과거의 입시 작품이나 모의 실기 작품들을 사진 촬영 또는 스캔을 통해 디지털 데이터화하고, 평가 기준을 학습할 수 있도록 레이블링(labeling)을 한다. AI는 우수 작품의 패턴을 분석해 레이블링에 따른 평가 기준을 스스로 생성하고, 나이스(NEIS: national education information system)에서 학생의 포트폴리오를 비교 분석할 수 있도록 연동 시스템을 갖추어야 한다. 이를 위해 교육부는 예체능 지원자들이 나이스상에 검증된 개인 실기 작품들을 업로드할 수 있도록 제도 개선이 요구된다.

논술과 마찬가지로 실기 전형 평가 역시 평가 시간이 길고, 장시간 평가로 인해 판단의 정확성이 저하될 가능성이 높다. AI 시스템은 수백 개의 작품을 동시에 분석하여 평가자가 놓칠 수 있는 세부 요소까지 비교해 평가의 정확성과 효율성을 높일 수 있다.

예측형 AI와 공연 예술 기반 실기 전형

공연 예술 실기 전형은 음악, 무용, 연기, 뮤지컬 등 공연과 관련된 퍼포먼스 중심 전공에서 실시하며, 계열은 다르나 신체 동작이라는 측면에서 체육 실기 전형도 포함될 수 있다. 음악은 클래식 · 국악, 무용은 발레 · 현대무용 · 한국 무용 · 실용 댄스, 연기는 연극 · 영화, 뮤지컬은 노래 · 춤 · 연기 분야를 포함한다. 체육은 예술적 표현보다 체력 · 기술에 중점을 둔다. 공통적으로 신체 제어 능력, 예술적 표현력, 정교한 움직임, 기술적 완성도, 창의적 표현을 평가하며, 분야별 특성에 따라 다르지만, 지정 작품과 자유 작품을 통해 2~3분 이내에 기량을 선보이고 즉석에서 심사하는 방식으로 진행된다.

음악 분야는 클래식과 국악 모두 성악 · 기악의 기술력과 음악적 해석을 평가하며, 실용 음악에서는 창의성, 즉흥 연주, 합주 능력도 중요한 요소다. 작곡 전공은 주어진 주제에 맞춰 창작곡을 악보로 표현하고 직접 연주하기도 한다.

무용 분야에서는 발레 · 현대 무용의 점프, 턴 등 기본기와 정교함, 예술적 표현력을 평가하고, 한국 무용은 전통 춤사위의 정확성과 감정 표현, 실용 댄스는 힙합 · 브레이킹 등 장르별 리듬감과 창의적 퍼포먼스를 평가하며, 올림픽 정식 종목으로 채택되면서 체육 분야로 포함시키기도 한다.

연기 분야는 연기력, 대사 전달력, 감정 표현이 핵심이며, 카메라 테스트를 통해 미세한 감정 몰입과 영상 매체 적합성도 평가한다. 뮤지컬 전공은 노래 · 연기 · 춤을 포함한 복합 실기와 무대 퍼포먼스 능력 평가가 이루어진다.

체육 계열은 체력, 운동 수행 능력, 종목별 기술력을 평가하며, 신체 조건과 스포츠 퍼포먼스 능력도 중요한 요소가 된다.

모든 분야에서 공통적으로 기술적 숙련도, 창의성, 감정 표현력, 신체 조건을 평가하지만, 체육을 제외한 모든 분야에서 예술성이 가장 중요한 평가 요소로 작용한다. 그러나 예술성은 객관적 정량 평가가 어려워 평가자의 주관이 개입될 수밖에 없으며, 동일한 실력이라도 평가자의 성향에 따라 점수가 달라진다. 또한 짧은 평가 시간과 장시간 심사로 인해 평가자의 집중도가 떨어져 판단력이 흐려질 가능성도 존재한다. 또한 미술 분야와 마찬가지로 입시 전문 학원이나 개인 레슨을 통한 장기간 준비가 필수적이며, 국악 · 발레 · 스포츠 등은 어린 시절부터 진로를 정하는 경우가 대부분이다. 특히 음악 분야에서는 여전히 도제식 교육이 자리 잡고 있어서 지원 대학교수의 개인 레슨이 관행처럼 자리 잡고 있는 것은 공공연한 비밀이다. 그래서 입시 시험이 블라인드 테스트로 진행되지만, 일부 평가자는 소리만으로도 특정 교수의 레슨을 받은 지원자임을 구별할 수 있어 실기시험의 공정성 확보가 여전히 큰 과제로 남아 있다.

예측형 AI 도입은 공연 예술 분야의 실기시험 공정성 문제를 해결하기 위한 혁신적인 해결책이 될 것이다. AI는 음악, 이미지, 영상, 소설, 디자인 등을 인식해 의미를 파악하고, 스스로 창작하는 데까지 발전했다. 따라서 AI 영상 분석 기술을 활용하면 실시간으로 지원자의 노래, 연주, 춤, 연기의 창의적 표현력과 음정, 박자, 화성, 리듬, 동작 균형, 속도 등의 기술적 역량을 정량적, 객관적으로 분석할 수 있다. 또한 카메라를 통해 미세한 표정 변화와 감정 전달력을 동일한 알고리즘으로 분석하여 일관성 있는 지표를 제시함으로써, 기존 평가 방식의 주관적 편차와 조작 가능성을 줄일 수 있다. 이미 모든 실기시험 과정은 평가 근거를 남기기 위해 모두 영상 녹화를 시행하고 있어서, AI 도입을 위한 기본 인프라 및 기본 구조는 갖추어진 상황이다.

예측형 AI는 지원자의 과거 실기 연습 데이터를 분석

해 발전 가능성을 사전 예측하고, 실기시험 데이터와 실시간 비교·분석을 통해 평가자가 놓칠 수 있는 요소를 보완하여 보다 정확하고 세밀한 평가를 지원한다. 이를 통해 단순 점수가 아닌 예술적 재능과 미래 성장 가능성을 종합적으로 판단할 수 있다.

또한 AI는 대량의 데이터를 신속히 분석해 평가자의 부담을 줄이고 일관성을 유지할 수 있다. 이를 위해 다양한 실기 데이터를 수집·분석하여 심층 학습을 진행하고, 매년 새로운 실기 전형 트렌드를 반영해 평가 기준을 최신화해야 한다. 학생의 발전 가능성을 정확히 예측하려면 나이스 시스템과 연동해 검증된 실기 데이터를 업로드할 수 있는 환경 개선이 필요하다.

인공지능의 행동 예측 추이 분석

대학 입시는 단순한 성적 평가를 넘어 학생의 학업 적응력과 성장 가능성을 함께 판단하는 과정이다. 특히 실기 분야에서는 행동 특성이 전공 적합성을 평가하는 중요한 지표가 될 수 있다. 따라서 현재 실력뿐만 아니라 장기적인 발전 가능성을 평가하는 것이 필수적이다.

예측형 AI는 머신 러닝과 딥 러닝을 활용해 학생의 연습 데이터를 분석하고, 실기시험 결과와 비교해 발전 과정과 미래 성장 가능성을 예측할 수 있다. 기존 실기시험 점수만으로 평가하는 방식은 학생의 대학 생활과 학업 적응력을 반영하지 못한다. 하지만 AI 기반 행동 예측을 통해 학생의 시험 응시 태도, 협업 능력 등을 객관적으로 분석해 보다 미래 지향적 평가가 가능해진다. 또한 AI는 지원자의 나이스 데이터와 연동해 발전 추이를 인포그래픽(infographic) 성장 곡선으로 제시하며, 학생이 관련 활동을 꾸준히 수행해 왔는지 분석하고, 지금 시험에 얼마나 적극적으로 임하는지를 판단할 수 있다. 이를 통해 대학은 단순한 실력 평가를 넘어, '미래 전문가'를 선발할 수 있는 체계를 구축할 수 있다. 대학 입시의 핵심은 현재의 성적이 아니라 미래의 성장 가능성이 높은 학생을 발굴하는 것이므로, 예측형 AI 기반의 성장 가능성 평가는 매우 필수적이다.

참고문헌

씽킹데이터(2024.8.12). 사용자 행동을 파악하는 7가지 데이터 분석 전략, https://www.thinkingdata.kr/blog/analysis-user-behavior-strategies

Open AI. https://openai.com/

08
대학의 입시 행정 혁신

예측형 AI를 활용한 대학 입시 혁신은 복잡한 입시 전형과 비효율적 행정을 간소화하고, 공정성과 효율성을 높인다. AI는 학생부 · 수능 · 실기 데이터를 자동 분석해 평가의 공정성을 확보하며, 입시 일정 조율, 서류 제출 자동화, 실시간 평가 시스템 도입으로 행정 부담을 줄여 준다. AI 기반 평가로 학생의 잠재력 중심 입시 체계를 구축해 미래 교육 환경에 적합한 입시 혁신을 실현한다.

AI와 한의학?

대학 입시 행정

대한민국의 대학 입시는 오랜 변화에도 불구하고 여전히 복잡성과 비효율성이 심화되고 있다. 현재 대학 지원자의 입시 전형 경우의 수는 300여 개에 달하며, 이로 인해 학생, 학부모, 학교, 교육부 모두가 혼란을 겪고 있다. 그러다 보니 입시 정책은 공정성을 내세우며 서열화만 부추기고, 대학 입시 행정의 비효율성을 초래하며 단순 규제 강화로 이어지는 경향을 보인다. 본격적인 AI 시대로 접어들면서 교육의 패러다임도 빠르게 변화해야 하지만, 현재 정책은 시대 흐름에 역행하고 있다. 단순히 AI 교과서를 도입하는 것이 아니라, 입시 전 과정은 물론 교육 환경 전체에 AI 혁신이 필요하다. 입시의 근본적 문제 해결 없는 규제 강화가 아닌 입시 절차의 간소화와 행정 효율화를 위해 AI는 매우 중요한 역할을 하게 된다.

복잡하고 다양한 입시 전형

대한민국의 현재 대학 입시는 수시와 정시의 전형 방식이 다르며, 대학별 전형 방식도 상이하다. 수시는 1, 2차로 나뉘며, 특별법에 의한 대학과 전문대학을 제외하고는 일반 대학 중 최대 6개 대학을, 정시는 군별로 최대 4개 대학을 지원할 수 있다. 하지만 대학별 전형 기간이

비슷해 전형 일정이 중복되는 경우에는 일부 대학의 시험을 포기해야 한다. 이를 최대한 방지하기 위해 대학들은 전형일을 주말에 진행하는 등 일정이 겹치지 않도록 조정하고 있지만, 이 역시 학생과 대학 모두에게 불필요한 시간과 비용 낭비를 발생시킨다. 또한 결시자가 발생할 경우 대학은 전형료 반환 등의 행정적 부담을 안게 된다. 또한 대학마다 평가 기준이 달라 학생들은 지원 대학에 맞춰 별도로 입시를 준비해야 한다. 학생부 반영 방식과 수능 점수 활용 기준도 대학별로 다르기 때문에 학생들은 고등학교 입학과 동시에 특정 대학을 목표로 과목 선택 등 내신 전략을 세우고, 내신과 수능을 동시에 준비해야 하는 부담을 안고 있다.

2025학년도 고교 학점제 도입과 2028학년도 수능과 내신 개편으로 대학 입시의 복잡성은 더욱 심화될 가능성이 크다. 교과와 입시 구조가 변화되면서 "어차피 수능 점수대로 줄 세워서 대학을 보내면서 전형만 복잡하게 만들어 놓은 것 아니냐"는 비판이 나오고 있으며, '될놈될 안될안(될 놈은 되고 안 될 놈은 안 된다)' 문제는 더욱 심화되고 있다. 이러한 불확실성 속에서 학생과 학부모들은 사교육에 의존할 수밖에 없으며, 논술과 면접 등 대학별 상이한 전형 방식은 경제적 자원이 많은 가정의 학생들에게 유리한 구조를 형성하고 있다.

대학 입시의 복잡성은 대학에도 문제를 초래한다. 여러 대학에 중복 지원이 가능해 학생들이 합격 후 최종 등록을 하지 않는 경우가 많아, 입시 지원율이 실제 등록률을 반영하지 못하는 문제가 발생한다. 이는 미등록 인원에 대한 추가적인 충원 업무 또는 추가 입시 전형 진행 등의 행정적 부담을 키우게 되며, 결국 금전적 손해까지 발생하는 구조가 양산되고 있다. 또한 같은 대학 내에서도 학과별 · 세부 전공별로 입시 전형이 다르게 운영되어 행정적 복잡성이 커진다. 이를 해결하기 위해서는 입학처가 전체적인 입시 운영과 지원자 관리를 담당하고, 전공별 시험 진행 및 평가는 외국 대학과 같이 개별 학과에서 직접 주관하는 방식이 더 효율적일 것이다. 입시의 복잡성과 비효율성은 학생, 학부모, 대학, 사회 모두에게 부담이 되므로, 보다 단순하고 효율적인 입시 체계 개선이 필요하다.

예측형 AI를 통한 입시 행정 절차 간소화

대학은 입시 과정에서 단 하나의 오류도 용납되지 않으며, 공정성이 100% 보장되어야 하는 현실 속에서 과도한 행정 부담을 안고 있다. 입시의 본질은 우수한 학생을 선발하는 것이지만, 현실적으로는 민원을 최소화하는 것이 입시 행정의 최우선 목표가 되어 버린 상황이다. 이런 문제를 해결하기 위해 예측형 AI를 도입하면 입시 행정을 간소화하고 평가 절차의 효율성을 높일 수 있다. AI는 빅 데이터와 심층 강화 학습 알고리즘을 활용해 지원자 확인, 전형 일정 관리, 입시 평가 등의 전형 절차를 자동화함으로써 대학 입시의 복잡한 행정 절차를 간소화하고 보다 체계적이고 효율적인 운영을 가능케 한다. 또한 입학처는 전반적인 절차 관리 등을 주관하고, 개별 학과는 전형과 평가를 진행해 효율적인 입시 행정 구조를 간소화할 수 있다.

대학 입시 행정의 간소화

한국의 대학 입시는 인생을 건 한판 승부로 여겨질 만큼 국가적으로 중요한 사안이며, 입시 행정은 극도로 민감하고 오차 없이 정밀하게 운영된다. 수능일에는 전국이 들썩이고, 입시 정책은 사회 전반에 큰 영향을 미친다. 입시 행정은 단순한 모집 절차를 넘어 입시 일정 수립, 전형 방법 결정, 모집 공고, 지원서 접수 및 확인, 유형별 시험 문제 출제, 전형 일정 관리, 평가 진행, 성적 입력 및 합산, 합격자 발표, 예비 등록 관리 등 수십 가지의 업무로 이루어진다. 이러한 과정은 수시와 정시 기간 동안 최소 2~3차례 반복되며, 전체적으로 약 6개월 안팎의 짧은 기간에 소화해 내야 한다. 한 치의 오차도 허용되지 않는 정밀한 행정 절차가 요구되며, 이에 따른 대학의 행정 부담은 해마다 커지고 있다. 특히 대학 간 전형 일정이 중복되는 경우 일정의 유연성이 없어 응시자 수 감소와 이에 따른 행정 과부하가 발생한다.

이를 해결하기 위해서는 먼저, 수작업 기반의 입시 행정 절차를 AI 기반의 전산화로 전면 전환해야 한다. AI와 빅 데이터를 활용한 예측 시스템 도입을 통해 입시 일정 조정, 서류 검토, 지원자 관리, 시험 관리, 평가 등 행정 및 전형 절차를 자동화해 대학의 행정 부담을 줄이고, 보다 투명하고 효율적인 입시 제도를 구축함으로써 공정성과 신뢰성을 높일 수 있다.

지원서 제출 자동화

현재 모든 대학의 입학 지원은 온라인으로 접수하지만, 입시 행정 절차는 여전히 오프라인 중심으로 이루어진다. 따라서 AI를 활용한 절차의 간소화가 필요하다.

예측형 AI가 나이스(NEIS: national education information system)에 직접 접속해 개별 학생들의 학교생

활 기록부를 끌어올 수 있도록 제도적 시스템 지원도 필요하다. 이를 통해 지원서 및 관련 추가 제출 문서 등을 학교와 입학 사정관에게 바로 전달해 대학의 행정 부담을 줄일 수 있다. 또한 예측형 AI가 제시하는 학생부 사전 분석 내용을 기반으로 학업 성취도와 성장 가능성을 깊이 있게 평가하도록 한다. 이를 활용하면 학교는 관련 서류를 전형별로 따로 취합할 필요 없이 AI가 자동 취합하게 되므로 행정의 효율성이 매우 높아진다. AI 기반 입시 행정은 대학뿐만 아니라 학생과 학부모에게도 긍정적인 변화를 가져와 불필요한 절차를 줄이고 입시 준비에 집중할 수 있도록 하며, 궁극적으로 대학 입시의 혁신을 실현할 수 있다.

전형 일정 조정 및 관리 자동화

학령 인구 감소로 대학 입시에서 전형 일정 관리는 더욱 중요해졌다. 각 대학은 다양한 전형 일정을 통해 학생을 선발하지만, 일정이 효율적으로 관리되지 않을 경우 학생과 학부모에게 혼란을 주고, 대학 간 전형 일정 중복으로 일부 학생이 시험을 포기하면 대학은 입학 자원 손실이라는 문제를 떠안게 된다. 그런데 실제로는 모든 학생이 같은 날 시험을 볼 필요는 없다. 이미 많은 대학이 지원자 수에 따라 여러 날에 걸쳐 전형을 진행하고 있다. 과거에는 시험 문제 유출 우려 등으로 동일 시간대 시험이 필수적이었지만, AI를 도입하면 이러한 공정성 문제를 쉽게 해결할 수 있다. 또한 현재 전형 일정은 대학 행정 담당자가 수작업으로 조율하고 있어, 행정 부담을 줄이기 위해 최대한 단기간에 운영되는 경향이 있으나, 예측형 AI 입시 행정 시스템은 학생이 지원한 타 대학의 일정을 분석하여 최적의 입시 일정을 자동으로 조정해, 학생들이 보다 효율적으로 입시를 준비하고 대학은 결시자 감소로 인한 불이익을 줄일 수 있다.

예측형 AI 시스템은 대학별 전형 일정을 종합적으로 분석·조정하여 지원자의 우선순위에 맞춰 최적의 일정을 제공하고, 일정 충돌 시 자동으로 학생과 각 대학에 조정 요청을 보낸다. 이를 통해 대학은 지원율 및 응시율을 높여 안정적이고 효율적인 입시 운영이 가능하며, 학생들은 일정 중복으로 인한 불이익을 최소화할 수 있다. AI는 실시간 데이터 분석을 통해 변화하는 전형 일정에도 즉각 대응해 효율적인 입시 운영을 지원한다.

평가 절차의 변화

현재 대부분의 대학은 입학 지원율 감소로 수시 모집을

확대했으며, 미등록 인원 이월을 감안해 정시 모집 인원을 1명으로까지 최소화하는 상황이다. 또한 대학과 학과별로 다른 전형 기준이 적용되면서 행정 과부하는 심각한 수준에 이르고 있다.

이를 해결하기 위해 예측형 AI를 활용한 평가 절차의 간소화가 필요하다. 평가 등을 위한 종이 문서를 줄이고, 전자 서명과 모바일 신분증을 확대하며, 교육부는 나이스와 연동된 데이터 시스템을 구축해 내신, 모의고사, 수능을 전자 시험(computer-based test: CBT) 방식으로 전환해 전면 전산화해야 한다. 이미 각 지역의 교육청은 디지털 교과서 시대를 대비해 '디벗('디지털'과 '벗'의 합성어)'과 같은 1인 1태블릿 보급을 추진하고 있어 CBT 기반 시설을 갖추어 가고 있다.

대학도 논술 및 실기시험을 CBT 방식으로 진행하고, 실기 평가는 녹화 데이터를 연동하도록 시스템을 구축해야 한다. 면접 평가 과정도 전자 평가(computer-based evaluation: CBE) 방식을 도입해 면접관이 AI와 연동된 지원자의 학생부 데이터를 실시간으로 확인하면서 최종 평가를 입력할 수 있도록 시스템화해야 한다. 따라서 학생들은 온라인으로 입학 지원만 하면, 예측형 AI가 자동으로 나이스 데이터를 연동해 지원자들의 교과 성적, 활동 기록 등의 학생부 데이터와 수능 성적 등을 종합해 1차적으로 기초 분석을 진행하고, 이 데이터를 입학 사정관에게 전송한다. 입학 사정관은 AI로부터 제시된 기초 평가 자료를 검토 · 확인하고 최종 평가를 확정한다. 실기 평가의 경우 평가자는 AI가 사전 평가한 1차 실기 능력 분석 데이터를 기반으로 최종 평가를 확정함으로써 입시 평가의 공정성과 효율성을 높일 수 있다.

현재 대학 입시는 일회성 평가 중심의 줄 세우기 방식으로 운영되며, 행정 편의주의적 전형 방식을 따르고 있어서 사교육 의존도를 높이는 구조적 한계를 안고 있다. 2025학년도 고교 학점제 도입, AI 디지털 교과서 도입, 2028학년도 수능과 내신 제도 개편으로 대학의 입시 행정 부담이 더욱 증가할 것으로 예상된다. 이에 따라 예측형 AI 기반 입시 평가 시스템 도입은 더 이상 미룰 수 없는 과제가 되었다.

참고문헌

김정빈(2024). 우리나라 대입제도의 변천 과정 및 향후 추이. ≪서울교육≫, 227, 서울특별시교육청교육연구정보원.

서울특별시교육청. https://www.sen.go.kr

최은수(1995). 한국의 대학입시행정. ≪숭실대학교 논문집≫, 25.

Open AI. https://openai.com/

09
학생과 학부모를 위한 교육 제언

AI 시대의 대학 입시는 단순 성적 평가에서 성장 가능성과 창의적 사고를 중시하는 방향으로 변화한다. 학생들은 암기식 학습보다 자기 주도적 학습과 문제 해결 능력을 길러야 하며, AI와 협업하는 학습 방식이 중요해진다. 학부모는 정보 제공자에서 벗어나 자녀의 학습 방향을 관리하는 매니저 역할을 수행해야 하며, AI를 활용해 맞춤형 교육 기회를 제공하고 창의성과 비판적 사고를 키우는 환경을 조성해야 한다.

AI와 화장품?

교육의 변화

대학 입시는 학생들의 학업 성취를 평가하는 중요한 척도로 자리 잡았으며, 대부분의 학습 계획이 입시 준비를 중심으로 진행되고 있다. 수능은 여전히 대학 입시에서 중요한 비중을 차지하고 있고, 공교육 기관은 모두 수능 준비를 위한 교육 과정으로 진행하고, 학생들은 수능 패턴에 익숙해지기 위해 모의고사와 기출문제 분석을 통해 고득점 전략을 세우며, 제한된 시간 내에 빠르게 답을 찾아내는 능력을 집중적으로 훈련한다. 한편 학생부 종합 전형은 학업 성적뿐만 아니라 인성, 활동 경력, 잠재력 등을 평가하기 때문에 학생들은 교내 활동, 동아리, 봉사 활동 등을 관리하는 데에도 많은 시간을 투자해야 한다. 결국 학생들은 고등학교 3년간 내신, 학생부, 수능 준비라는 세 가지 학습을 동시에 완벽하게 수행해야 하는 부담을 안고 있다.

미래의 대학 입시는 4차 산업 혁명과 AI 기술 발전으로 인해 크게 변화할 것이다. 이에 따라 입시 준비 방식도 달라질 수밖에 없으며, 미래 사회를 살아갈 지금의 학생들은 변화에 맞춰 학습 전략을 수정해야 한다. AI와 맞춤형 학습 시스템이 발전하면서 개별 학습 경로가 정교하게 설계되고, 기존의 일률적인 방식에서 벗어나 개인화된 학습 경험이 가능해질 것이다. 따라서 학생들은 단순한 지식 습득을 넘어 자기 주도적 학습 역량과 창의적 문제 해결 능력을 키우는 것이 중요하다. 이미 입시 시장에서는 AI 기반 맞춤형 문제 제공과 입시 컨설팅이 도입되고 있으며, AI 교과서가 공교육에 적용되면 변화 속도는 더욱 가속화될 전망이다. 사교육 기관도 이에 동참하면서, 예측형 AI가 개인화된 교육 시스템에 적용될 경우 입시 제도에도 근본적인 변화가 예상된다. 이러한 변화가 본격적으로 시작되면 교육 패러다임은 급격하게 변화될 가능성이 크므로, 지금부터 미리 대비하는 것이 중요하다.

AI 시대의 인재상

인간과 AI의 협업이 필수적인 시대가 도래했다. AI 기술은 산업 사회의 시스템 전반을 빠르게 변화시키고 있다. 사회는 더 이상 단순 암기와 같은 전통적인 지식 기반 학습만을 강조하지 않으며, 창의적 사고, 문제 해결 능력, 협업과 융합적 사고를 두루 갖춘 인재를 요구하고 있다. AI 시대에는 데이터가 산업의 중심이 되며, 인간은 데이터를 해석하고 비판적으로 평가하는 능력을 갖춰야 한다. 단순한 소비가 아니라 데이터를 기반으로 새로운 가치를 창출하는 것이 핵심 역할이 될 것이며, 디지털 리터러시를 갖추고 다양한 디지털 도구를 활용해 데이터를 분석하고 시각화하는 능력이 중요한 역량으로 떠오르고 있다. 따라서 미래 인재는 AI의 자동화 기능을 효과적으로 활용하고, 창의적인 방식으로 이를 보완해 더 나은 결과를 도출할 수 있어야 한다. AI는 인간의 의사 결정을 돕는 도구이며, 이를 능숙하게 활용하는 능력이 핵심 역량이 될 것이다.

물론 AI가 아무리 기존 인간의 역할을 대신한다고 하지만, 창의적 사고와 새로운 접근 방식을 제시하는 것은 여전히 인간 고유의 역할로 남아 있다. AI는 데이터를 바탕으로 논리적 결론을 도출하는 데 강점을 보이지만, 새로운 문제에 대한 창의적인 해결책을 제시하는 것은 인간의 역할이다. 따라서 예상하지 못한 문제를 해결하고 기존의 틀을 넘어 새로운 아이디어를 제시할 수 있는 창의성은 아직은 인간만이 가질 수 있는 핵심 역량으로 자리 잡고 있다.

이에 따라 대학도 데이터를 효과적으로 다룰 수 있는 '데이터 드리븐(data-driven)' 능력을 갖춘 학생을 미래 인재로 선발하는 방향으로 변화하고 있다. 대학은 AI를 인간의 창의적 사고와 직관을 보완하는 파트너로 인식하는 창의적 사고력을 갖춘 인재를 선발하려 할 것이며, 이에 따라 학생은 AI가 제공하는 정보를 단순히 수용하는 것을 넘어서 비판적으로 분석하고 새로운 질문을 제기하는 능력을 갖춰야 한다. 이를 위해 AI 기반 문제 해결 프로젝트, 데이터 분석 연구, 산업 협업 인턴십 등을 입시 평가 요소로 포함할 가능성이 있다. 또한 창의적 사고와 AI 활용 능력을 평가하는 실전 과제 및 발표 형식의 평가 방식이 확대될 것으로 예상되므로, 학생들은 AI와 협력해 복잡한 문제 해결 경험을 쌓는 것이 중요하다.

미래 사회에서는 개인이 AI와 협력할 뿐만 아니라 다양한 분야의 전문가와 협업하여 문제를 해결하는 능력도 필수적으로 요구될 것이다. 그러므로 하나의 학문에 국한되지 않는 융합적 사고가 필수적이다. 예를 들어, 바이오테크와 AI의 결합으로 신약 개발과 질병 예측이 가능해지고, 미디어 아트에서는 AI를 활용한 창작 활동이 확산되는 등 다양한 분야에서 다학제적 접근이 중요해지고 있다. 이에 따라 대학은 융합적 사고를 갖춘 인재를 선발하는 방향으로 입시 제도를 변화시킬 것이다.

학부모의 존재 의미

AI 기술의 발전으로 대학 입시 환경이 변화하면서 학부모의 역할도 달라지고 있다. 기존에는 정보 제공자나 방관자에 머물렀다면, 예측형 AI 기반 입시 시스템 도입 후에는 자녀가 자율적이고 주체적으로 학습할 수 있도록 돕는 환경 지원자가 되어야 한다. AI가 입시 정보를 분석하고 맞춤형 학습 경로를 제공하면서, 학부모는 자녀의 학습 방향을 관리하고 교육 기회를 최적화하는 매니저 역할을 수행하게 될 것이다. 명문대를 포함한 여러 대학이 단순한 시험 점수보다는 개성과 성장 가능성을 중시하는 방향으로 입시를 개편하면서, 학부모는 이제 단순한 성적 관리에서 벗어나 자녀의 전인적 성장과 경험을 지원해야 한다. 입시를 단순한 경쟁이 아닌 '자기 발견' 과정으로 인식하고, 성적 이상의 가치를 평가하는 교육 환경에서 자녀의 강점을 살릴 방법을 고민해야 한다. 이를 위해 공교육을 신뢰하며 교사와 협력하고, 무조건적인 사교육 의존을 줄이며 자녀의 특성과 목표에 맞는 학습 방식을 지원하는 것이 중요하다.

• 또한 예측형 AI는 학생들의 학습 데이터와 성장 패턴을 분석해 성적 평가를 넘어 발전 가능성과 최적의 학습 경로를 제시하게 된다. 이에 따라 학부모의 역할도 더욱 중요해지며, AI가 제공하는 데이터를 활용해 자녀의 학습 상황을 객관적으로 이해하고 맞춤형 학습 전략을 수

립할 수 있다. AI가 특정 과목에서의 학습 부족을 감지하면, 학부모는 이를 기반으로 보완 학습 계획을 세우고 추가 지원을 결정할 수 있다. AI를 통해 자녀의 강점을 조기에 발견하고, 적합한 진로와 학습 방향을 설계하는 역할도 수행할 수 있다. 단순히 성적 향상이 아니라 장기적인 성장과 발전을 지원하는 것이 학부모의 핵심 역할이 될 것이다.

하지만 AI 기반 입시 시스템은 동시에 정보 격차로 인한 교육 불평등을 심화할 수도 있다. 따라서 학부모는 자녀가 공평한 교육 기회를 가질 수 있도록 AI 활용과 대학 입시 정책 변화에 관심을 가져야 한다. 특히 정보 접근성이 낮은 가정에서는 학부모와 자녀가 협력해 AI 활용에 더욱 관심을 가져야 한다. AI뿐만 아니라 첨단 기술 시대의 교육 불평등 문제는 단순히 제도적 해결만으로는 넘을 수 없고 학부모의 적극적인 관심과 개입이 필요한 상황으로 달려가는 것은 거부할 수 없는 사실이다. 기존의 정보 격차는 이제 AI를 통해 해결할 수 있으므로 정부나 교육 기관의 지원 정책을 적극 활용하고, 자녀가 다양한 교육 자원에 접근할 수 있도록 지원해야 한다. AI를 활용한 맞춤형 교육 기회를 제공하는 동시에, 창의적 사고와 비판적 사고를 키울 수 있는 환경을 조성하는 것이 중요하다. AI가 객관적이고 효율적인 평가를 돕는 도구라면, 학부모는 매니저로서 자녀가 스스로 성장하고 자신만의 길을 찾을 수 있도록 미래를 준비시키는 지원자가 역할을 해야 한다.

AI의 발전에 대응하는 학부모의 태도와 교육 방식이 자녀의 미래를 결정짓는 중요한 요소가 될 것이다. 단기적인 점수 상승보다 장기적인 학습 태도와 자기 주도적 학습 능력을 기르도록 유도하는 것이 중요하며, 학교와 교사를 신뢰하는 태도가 필요하다. 학원은 보완적 도구로 활용하되 지나친 의존을 피해야 한다. 학원은 학원의 목표만을 중시한다. 자녀의 장기적 미래를 고민하는 곳은 결국 가정과 학교뿐이다. 학원 원장과 강사는 단순한 지식을 전달하는 역할을 하지만, 내 자녀의 교육적 방향성을 설정하는 것은 학부모와 교사의 몫이다.

생성형 AI를 넘어 예측형 AI로 전환되는 시대에 '지식'의 정의가 바뀌고 있다. AI 시대의 변화 속에서 전인 교육이 핵심이 되며, 학부모는 자녀가 자율적으로 성장할 수 있는 환경을 조성하는 것이 입시 성공의 중요한 요소가 될 것이다.

수년 전부터 교육의 대변혁이 필요하다는 논의가 계속되어 왔으며, AI의 발전은 이러한 변화를 더욱 가속화하고 있다. 4차 산업 혁명 시대에 AI가 많은 역할을 대체하고 있지만, 중요한 것은 AI를 피하지 말고 도구로 활용할 수 있는 능력을 갖추는 것이다. 이제는 생각의 힘과 질문의 중요성이 더욱 커지고 있다. 인간은 스스로 도구를 만들어 발전해 왔으며, 그 도구가 다시 인간을 변화시키는 '호모 파베르(Homo faber)'의 역설적인 관계 속에서 발전해 왔다. 우리의 뇌는 말을 하는 데 익숙해서 말을 해야만 뇌가 돌아간다. 하지만 지금처럼 시각 매체에 익숙해진 뇌는 사고를 멈추었다. 보는 데 익숙한 뇌는 직관적이어서 생각을 멈추기 때문에 뇌를 돌릴 수 없다. 유튜브가 바보상자인 이유다. 그러나 AI 시대에는 다시 글을 쓰고 사고하는 능력이 필수적이다. 프롬프트로 인해 다시 말을 해야만 하는 시대로 전환되고 있다는 뜻이다.

이러한 시대적 변화 속에서 학습 내용도 변화하고 있다. 고교 학점제 도입으로 학생들은 무엇을 배울 것인지 스스로 학습 내용을 선택해야 하며, AI 교과서를 활용한 학습이 보편화되면서 교과서를 이해하기 위해 질문(프롬프팅)을 해야 하는 상황이다. 이제 다시 뇌를 돌려야만 한다.

예측형 AI는 입시 제도를 크게 변화시키며, 단순한 시험 성적보다 학습 과정과 성장 가능성이 중요한 평가 요소가 될 것이다. AI는 학습 데이터를 분석해 성적 변화 추이를 평가하고, 시험 점수보다 장기적인 학습 과정을 중시하는 방향으로 전환될 것이다. 이에 따라 여러분은 암기식 학습이 아닌 자기 주도적 학습 능력을 강화해야 한다. AI는 학습 패턴을 분석해 강점과 보완할 부분을 제시하며, 여러분은 자신만의 맞춤형 학습 전략을 세울 수 있어야 한다. 결과보다 과정이 중요한 시대가 도래했으며, 정답보다 풀이 과정이 평가의 핵심이 되는 입시로 변화될 것이다. 따라서 꾸준한 자기 주도적인 학습 습관을 형성하는 것이 중요하다. 이는 공부뿐만 아니라 자신이 좋아하는 모든 활동에도 적용할 수 있어야 한다.

미래의 입시는 단순한 지식 습득을 넘어 문제 해결 능력과 협업 경험을 중요하게 평가할 것이다. AI와의 협력적 학습과 문제 해결 능력이 핵심이 되며 토론, 프로젝트 학습 등을 통해 다양한 문제 해결 경험을 쌓는 것이 필요하다. AI가 제공하는 학습 데이터와 맞춤형 학습 경로는 비판적 · 창의적 사고를 기르는 데 중요한 역할을 하며, 단순한 정답 찾기가 아닌 새로운 해결 방법을 제시하는 능력이 요구될 것이다.

AI와 함께 성장하는 시대에는 '무엇을', '어떻게'에 대한 깊이 있는 고민과 실천이 중요하다. 새로운 시각으로 문제를 바라보고, 다양한 해결 방법을 모색하는 연습이 필요하며, 변화하는 교육 환경 속에서 스스로 성장할 준비가 되어 있기를 희망한다.

참고문헌

구본권(2020). 초연결시대의 철학적 과제. 인문360, https://inmun360.culture.go.kr/content/357.do?mode=view&cid=2366222

안호영(2023). 호모 파베르의 역설을 통해서 본 도구와 인간의 커뮤니케이션 가능성. ≪철학·사상·문화≫, 43, 177-201쪽, 동국대학교 동서사상연구소.

Open AI. https://openai.com/

10
AI와 미래

AI의 발전은 대학 입시와 교육 방식을 근본적으로 변화시키며, 평가 방식도 단순 성적이 아닌 성장 과정과 창의성을 중시하는 방향으로 전환된다. AI 교과서는 맞춤형 학습을 지원하고, 이에 따라 교사의 역할도 지식 전달자에서 학습 코디네이터로 변화한다. 그러나 AI가 인간을 평가하는 윤리적 문제를 고민해야 하며, 교육은 창의성과 인간성을 회복하는 방향으로 발전해야 한다. AI는 효율성을 높이면서도 인간의 여유와 신뢰를 회복하는 역할을 할 가능성이 크다.

종교와 AI?

공부란

AI가 대학 입시에 미치는 영향을 살펴보면서, 기존의 입시 제도가 근본적으로 변화해야 한다는 필요성은 모두가 느끼고 있을 것이다. 중요한 것은 이러한 변화 속에서 교육의 본질에 대해 다시 고민해야 한다는 것이다. '교육'이란 무엇이며 누구를 위한 것인지, 우리는 왜 교육을 받고 대학 입시에 사활을 걸어야 하는지, 혹시 지금의 교육이 특정 계층의 기득권을 유지하고 그들의 말에 순응하는 사회의 소모품을 길러 내기 위한 장치는 아닌지, 이런 질문은 교육의 목적과 방향에 대한 본질적인 성찰을 요구한다. 이제 AI가 학생의 학업 역량과 가능성을 정교하게 분석할 수 있다면, 기존 교육 방식이 최선인지 다시 고민해야 한다. 단순히 좋은 대학 진학을 목표로 하기보다 개인의 잠재력을 최대로 발휘할 수 있는 교육 환경을 만들어야 한다. AI의 등장은 이러한 교육의 목적과 방향을 다시 고민할 기회를 우리에게 제공하고 있다.

공부란 배우고 익히는 일이다. 뇌 입장에서 공부는 곧 '자극'이며, 오감을 통해 받아들이는 모든 것이 학습의 과정이 된다. AI를 활용해 정보를 찾아 탐구하는 행위 역시 학습의 일환이 된다. 그렇다면 공부를 잘하기 위해서는 무엇이 필요할까? 긍정적인 정서, 호기심, 그리고 문해력이 핵심 요소라고 전문가들은 말한다. 결국 공부란 단순한 지식 습득(input)만이 아니라 '개념적 지식'과 행위(output)를 통한 '새로운 지식의 이해'가 조화를 이루는 과정이라는 사실이 뇌 과학을 통해 밝혀지고 있다. 따라서 그동안 습관적으로 해 왔던 공부의 개념을 다시 정의할 필요가 있다.

그러나 현재의 교육 시스템은 여전히 파시즘(fascism)적 경쟁과 극심한 서열화를 조장하며, 기득권 유지를 위해 누군가는 희생되어야 하는 구조적 문제를 유지하고 있다. AI의 발전은 이러한 교육의 왜곡을 무색하게 만들고 있으며, 전통적인 전공 개념과 단순 암기식 교육의 필요성도 점차 사라지고 있다. 그렇다면 우리는 무엇을 위해 경쟁하고 있는가?

결국 교육의 본질은 '해야만 하는 학습'이 아니라 '하고 싶은 공부'로 전환되어야 한다. 교육은 인간의 창의성과 고유한 가치를 발현할 수 있도록 재구성될 필요가 있으며 새로운 방향으로 나아가야 한다.

예측형 AI 교육과 교육 행정의 변화

예측형 AI는 지난 150여 년간 유지되어 온 교육 방식과 행정 전반에 변화를 일으키고 있으며, 2025년 AI 디지털 교과서 도입은 개별화된 교육을 실현하는 전환점이 될 것이다. 또한 코로나19와 MOOC(massive open online courses: 거대 규모 온라인 공개강좌)의 확산은 기존의 정규 학교 시스템과 학위의 필요성에 대한 인식을 변화시키고 있다. 그러나 공교육과 사교육 모두 여전히 입시 중심 구조에서 벗어나지 못하고 있다. 과도한 입시 중심 교육은 흔히 '입시 위주 교육=사교육'이라는 프레임으로 사교육 기관에 문제를 제기하는 모양새지만, 실제로는 공교육 시스템 자체가 입시에 맞춰 진학 지도에 초점을 두고, EBS 연계 교재를 활용해 수능 대비까지 도맡고 있다.

이제 교육부는 공교육의 구조적 문제를 해결하고 사교육 의존도를 줄이기 위해 적극적으로 개입해야 한다. 다만 입시 중심 교육의 문제를 단순히 사교육과 동일시해서는 안 되며, 특정 과목만 학습하거나 입시 전형에 맞춘 스펙 준비가 본질적인 문제임을 인식하고 교육의 본질적인 개선책을 마련해야 할 시점이다.

AI 교과서 도입과 교육 방식의 변화

AI 교과서는 학생 개개인의 학습 성향과 속도에 맞춘 개별 학습을 제공하는 디지털 교과서로, 언어나 장애, 지역, 계층에 관계없이 학생의 능력과 수준에 따른 맞춤형 학습 자료를 제공한다. 이를 통해 학생들은 자기 주도적으로 학습하며 창의적 문제 해결 능력을 키울 수 있어, 기존의 교육 방식에 근본적인 변화를 가져올 것이다.

그러나 AI 기반 교육 시스템이 정착하려면 교사들의 인식 개선이 필수적이지만, 현실적으로 이들에 대한 디지털 재교육은 체계적으로 이루어지지 않고 있다. 반면 사교육 시장은 AI를 적극 도입하며 빠르게 변화하고 있다. '학종 AI'가 이미 등장한 상황이다. 이제 교육의 대변혁을 위해 사회 전체가 기존의 교육 방식과 가치관을 재고해야 한다. 우리는 이미 정보의 바닷속에서 살고 있으며, AI는 인간을 대신해 방대한 정보를 읽고 해석하며 전달하는 역할을 수행하고 있다. 더 이상 AI는 도구 선택의 문제가 아니라 필수 조건이 되었으며, 이를 적극 활용하는 교육 패러다임 구축이 미래 교육의 핵심 과제다.

평가 방식의 변화

예측형 AI 교육 시스템 도입은 학업 평가 방식을 바꾸게 된다. 기존의 중간·기말고사 중심 평가에서 벗어나, AI가 학습 과정을 실시간 모니터링하여 학생의 성취도와 성장 가능성을 종합적으로 분석하게 된다. 이를 통해 학생은 단순한 시험 성적이 아닌 장기적인 학습 성과와 개별 피드백을 받게 된다.

또한 AI 교과서와 예측형 AI는 교사의 행정 업무를 자동화하고 효율성을 높이게 된다. AI는 학습 관리 시스템(learning management system: LMS)을 통해 학생의 학습 과정을 기록 분석하여 실시간 보고서를 제공하며, 교사는 이를 바탕으로 개별 맞춤 지도를 할 수 있다. 학부모도 AI를 통해 자녀의 학습 상황을 실시간으로 확인하며 교사와 원활하게 소통할 수 있어 자녀의 학습 성과를 투명하게 관리할 수 있는 환경이 조성된다.

AI는 학교생활 기록부 작성 방식에도 변화를 가져올 것이다. 나이스(NEIS: national education information system)와 연동된 예측형 AI가 학생의 교내 활동을 분석하고, 교사는 이를 검토 보완하는 방식으로 기록이 자동화된다. 이는 대학 입시와 연계되며 교사의 입시 관련 업무 부담을 줄이고 학생 지도에 집중할 수 있는 환경을 조성할 것으로 기대된다.

교사의 역할 변화

AI 도입으로 교사의 역할은 지식 전달자에서 학습 조력자로 변화하게 된다. AI가 학생들의 학습 과정을 분석하고 맞춤형 자료를 제공하면, 교사는 개별 학습 전략을 수립하고 맞춤형 지도를 제공하는 데 집중할 수 있다. 또한 창의적 사고와 비판적 사고를 키울 수 있도록 토론·프로젝트 기반 학습을 적극 활용하며, 학생들의 문제 해결 능력과 팀워크를 발전시키는 데 집중할 것이다.

예측형 AI 시대의 교사는 학습 코디네이터로서 정확하고 유용한 정보를 선별하는 역할을 수행해야 한다. 과거에는 기억된 지식이 중요했지만, 이제는 필요한 정보를 효과적으로 찾아 활용하는 능력이 핵심 역량이 되었다. 따라서 교사는 학생들이 신뢰할 만한 정보를 검색하고 평가하는 방법을 지도하며, AI가 제공하는 정보의 신뢰성을 검토하는 역할도 수행해야 한다. 결국 교사는 정보 활용법을 코치하며 학생들의 주체적인 학습을 지원하는 방향으로 변화해야 한다.

정규 학교와 학위의 필요성에 대한 인식 변화

코로나19 팬데믹 동안 온라인 학습이 확산하면서 교실 수업의 필요성이 재조명되었다. 온라인 교육은 학습을 가능하게 했지만, 사회적 상호 작용과 협력 학습의 부족이 문제로 드러났다. 학교는 단순히 지식 전달을 넘어 학생들의 교류와 사회적 기술 습득을 돕는 중요한 공간이

므로, 미래 교육은 온라인과 오프라인을 결합한 블렌디드 러닝(blended learning: 혼합 학습) 모델로 발전할 것이다.

MOOC 등의 온라인 학습 플랫폼 확산으로 학위보다 실무 능력이 더 중시되는 추세가 강해지고 있다. '마이크로디그리(micro degree: 미니 학위로서 융합형 인재 양성을 위한 최소 단위의 단기 교육 과정)'와 같은 수료증이 인정받으면서, 일부 학생들은 4년제 대학 대신 2년제 전문대학을 선택하거나 AI를 활용한 맞춤형 학습을 통해 원하는 정보를 습득할 수 있게 되었다. 미래 교육은 AI 기반 개별 학습과 정규 학교에서의 사회적 경험을 결합하는 방향으로 변화할 것이며, 학교는 지역 도서관과 같이 지식 전달을 넘어 성장과 상호 작용을 지원하는 지식 · 정보 공유 공간으로 발전할 것이다.

AI와 사람

생성형 AI를 사용해 본 사람들은 AI가 감정을 모방하기 시작한 것을 느낄 것이다. AI의 인공 신경망(artificial neural network)은 인간의 사고방식과 유사하게 발전하며, 이는 AI가 단순한 기계를 넘어 인간처럼 진화할 가능성에 대해 생각하게 만든다. 우리는 과연 감정을 가진 AI

를 상상할 수 있을까? 혹은 꿈꾸는 AI를 상상할 수 있을까? 지금 AI 기술은 인간의 언어, 표정, 행동을 분석해 감정을 인식하는 능력을 가진 단계로까지 발전했다. 미래의 AI는 인간과 더욱 깊이 있는 협력 관계를 형성할 가능성을 가지고 있으며, 자연어 처리(natural language processing: NLP)와 컴퓨터 비전 기술을 통해 감정을 인식하고 반응하는 감정 컴퓨팅(affective computing) 기술로 확장되고 있다. AI는 음성 톤, 대화 맥락, 얼굴 표정을 분석해 감정을 파악하며, 교육 현장에서 학생의 감정을 인식하고 선의의 거짓말을 포함한 격려 메시지 같은 정서적 지원을 제공하는 것도 가능해졌다. 이미 인간이 AI와 대화하며 위로받는 세상이 되었다.

AI가 감정을 가지는 것은 단순한 데이터 처리 이상의 문제다. 딥 러닝 방식이 인간의 뇌 신경망을 모방해 개발된 것처럼, AI가 긍정적인 경험과 부정적인 경험을 학습한 후 특정 상황에서 기쁨, 슬픔, 두려움 등의 감정을 시뮬레이션(simulation)하는 일이 이미 실현되고 있다. AI가 감정을 가지는 존재로 진화하는 것은 윤리적 · 공학적 논쟁의 중심에 있으나, AI가 감정을 모방하며 인간과 정서적 유대를 형성할 가능성이 커지면서, '인간이란 무엇인가?'라는 근본적인 질문이 필요해졌다. 인간은 메타인지(metacognition), 즉 '생각하는 것을 생각하는 능력', '모르는 것을 아는 능력'을 통해 새로운 개념과 의미를 창조하는 존재이며, AI의 등장은 인간의 능력을 재정의하고 확장하는 계기가 될 것이다. 과거 사진 기술의 등장은 회화 예술에서 인상파(impressionism)의 시작을 촉진했다. 사진으로 포착할 수 없는 순간을 화폭에 담고자 하는 욕구가 클로드 모네(Claude Monet)와 같은 예술가들의 창조적 시도를 이끌어 낸 것이다. 이렇게 기술 발전이 인간의 창의성을 자극했듯이, AI는 인간이 단순한 학습자가 아닌 창조자로 존재하도록 자극할 것이다. 따라서 인간은 모든 것을 재정의할 수 있으며, 이는 곧 인간의 능력 또한 끊임없이 확장될 수 있음을 의미한다.

AI 윤리적 문제: 인간을 평가하는 기계

예측형 AI가 인간을 평가하는 시대가 도래하면서, AI가 입시, 채용, 의료 등에서 판단을 내리는 것이 윤리적으로 정당한가에 대한 논란이 커지고 있다. AI가 편향된 데이터를 학습하거나 잘못된 기준으로 평가를 내린다면, 이는 과연 공정한가? 알고리즘이 객관성을 유지한다고 해도 특정 가치관이 반영될 가능성이 있어 본질적으로 편향성을 완전히 배제하기는 어렵다. AI가 때로는 부모나 교사의 역할까지 대신하면서 인간의 존재 자체에 대한 질문에 직면했다. 우리는 4차 산업 혁명의 본격적인 시작을 목도하고 있으며, 인간의 역할이 무엇인지 다시 고민해야 하는 시대를 맞이했다.

사실 인공지능에 대한 혼란과 두려움은 결국 '인간이란 무엇인가?'라는 근본적인 물음에서 비롯된 것이다. 현대 사회는 정량적 평가 중심으로 변화하면서 인간의 가치를 숫자로 판단하는 경향이 강해졌다. 입시에서 학생의 노력과 성장 과정이 단순한 성적과 서열로 환원되고, 대학에서의 협업 능력이나 리더십은 단순한 성적표의 숫자로 상대 평가된다. 상대 평가는 경쟁을 극대화하고, 학생들은 나의 성공을 위해 남을 밟고 올라서야 하는 구조 속에서 살아간다. 이러한 서열 중심의 삭막한 사회는 끝없는 경쟁을 조장하며 인간성을 희생시키는 결과를 초래했고 지속되고 있다. 우리는 이러한 상대적 정량 평가 방식이 과연 '공정한가?'라는 근본적인 질문을 던져야 한다.

흥미로운 점은 AI가 단순히 인간을 대체하고 평가하는 것만이 아니라, 인간에게 삶과 관계의 여유를 가져다주는 방향으로 발전하고 있다는 점이다. AI는 효율성을 제공하는 도구일 뿐만 아니라 오히려 인간의 창의성, 감정적 교류, 유머 감각을 회복시키는 역할을 할 가능성이 크다. 특히 생성형 AI, 예측형 AI는 인간이 정량적 평가 사회에서 잃어버린 중요한 요소들을 되찾는 데 기여한다.

그렇다면

우리는 어떤 사회를 지향해야 할까? 가장 중요한 것은 '신뢰'다. 사회가 신뢰를 기반으로 운영될 때, 인간은 숫자가 아닌 존재 자체로 존중받을 수 있다. 하지만 신뢰가 사라진 사회에서는 모든 것이 정량화되며, 인간관계에서도 유머와 여유가 사라진다. 유머는 신뢰에서 비롯된다. 신뢰가 없으면 사소한 농담도 싸움으로 번질 수 있다.

AI는 인간의 감정적 교류와 창의적 활동을 도우며, 효율적인 일 처리를 통해 인간에게 여유를 제공하게 될 것이다. 결국 우리는 AI를 단순한 도구가 아니라 삶의 동반자로 인식하고, 이를 통해 더 나은 삶을 추구할 수 있는 가능성을 모색해야 한다. 인간이 다시금 신뢰를 회복하고 유머가 넘치는 사회를 만들 수 있도록, AI는 우리가 기대했던 것보다 더욱 인간적인 방식으로 진화할 수도 있다. AI가 가져올 미래는 인간성을 잃어버린 기계적 사회가 아니라 오히려 인간 본연의 가치와 여유를 회복하는 아이러니한 세상이 될지도 모른다.

참고문헌

계보경 · 이동국 · 이은상(2017). 감성 컴퓨팅과 미래교육: 사례 및 이슈를 중심으로. EdTech Trend #5, 한국교육학술정보원.

교육부(2023.6). AI 디지털교과서 추진방안(안).

텍스토미(2021.3.19). 컴퓨터가 인간의 감정을 읽고 대화한다면? 감성 컴퓨팅 기술. 네이버 포스트, https://post.naver.com/viewer/postView.nhn?volumeNo=30990678&memberNo=28160014

한국교육학술정보원(2025). AI 디지털교과서.

Open AI. https://openai.com/

이기호

백석예술대학교 영상학부 교수다. 미국 뉴욕 롱아일랜드대학교에서 미디어아트 석사 학위를, 홍익대학교에서 "AR 기반 e-learning 실습 교육 프레임워크 연구"로 미술학(영상) 박사 학위를 받았다. 백석예술대학교에서 매년 400여 명을 대상으로 '인공지능의 활용' 정규 교과목 강의를 담당했고(2016~2022), '메타버스 교육 연구', 'AI와 콘텐츠 제작' 등의 강의를 하고 있다. 국가경영전략연구원에서 1500여 편의 이러닝을 기획 및 제작 연출했다. 백석예술대학교 교수학습개발원 부원장을 역임하면서 교내 이러닝 시스템과 LMS를 설계 구축하고 교육 혁신 방안을 연구했다. AR/VR, 영상미디어 관련 연구와 AI 저작권 및 예술 창작 등에 대한 연구 논문이 있다. 저서로『미디어콘텐츠 AI 프롬프트 디자인』이 있으며, 현재 생성형AI 연구원의 미디어콘텐츠 분야 운영위원장, 백석예술대학교 영상문화연구소 소장, 한국융합영상예술학회 회장으로 활동 중이다.